Zeitschrift für sozialistische Politik im Bildungs-, Gesundheits- und Sozialbereich

# Widersprüche

Knochenbrüche
Z'sammenbrüche
Bibelsprüche
Lehrerflüche
Mutters Küche
sind 'ne Menge
Widersprüche
*(Volksmund)*

## Digital Society
## Binäre Codierung von Arbeit und Alltag



### Schwerpunkt

## Forum



## Rezensionen



## Kritische Soziale Arbeit: Eingriffe und Positionen



Fotoredaktion

# Zu diesem Heft

Wann wenn nicht jetzt muss man über die Digitalisierung von Gesellschaft(en) reden. Wie unter einem soziologischen Brennglas offenbart die Sars-CoV2-Pandemie die Abhängigkeit vom Internet, dessen basalen Vorteile sowie nachhaltigen Nachteile. Nicht nur alle Menschen sind weltweit betroffen, und das – wie nicht anders zu erwarten – sortiert nach arm und reich, sondern auch alle Sphären der Gesellschaft sind in die digitale Produktion von Weltgesell-schaft involviert. Die Privatsphäre ist davon gleichermaßen betroffen wie die (bürgerliche) Öffentlichkeit und die nachindustrielle(n) Arbeitsgesellschaft(en). Die 'invisibel hand' der globalen Fabrik etabliert einc neue Stufe kapitalistischer Produktionsweise, die einerseits die klassische Trennung von Öffentlichkeit und Privatheit aufhebt, andererseits die Subjektivität von Individuen als *das* zentrale Produktionsmittel zur Voraussetzung hat. Nicht nur der Aufstieg resp. quantitative Anstieg immaterieller Arbeit und die Delegierung von Handarbeit an kooperative Roboter (Cobots) repräsentieren die neue Epoche warenproduzierender Gesellschaften, vielmehr sind die weltumspannenden Agenturen der Tech-Konzerne, deren techno-bürokratischen Systeme wirkungsvolle Repräsentanten der Digital Society. Ökonomische Macht und technokratische Herrschaft spiegeln sich im digitalen Zugriff auf die anachronistischen Formen von Produktion sowie Reproduktion mit Konsequenzen für Freiheit, soziale Teilhabe und ein selbstbestimmtes Leben.

Das Produktionsmittel Internet ist ein multifunktionales Tool, zur Steuerung der Güterproduktion (Industrie 4.0), der Sozialsysteme, juristischer und sozialpädagogischer Dienstleistung, des Gesundheitssystems sowie der (hoch-)schulischen Vermittlung von funktionalem Wissen. Die Kontrolle über das wirkliche Leben wird den Subjekten entzogen resp. an technische Artefakte delegiert mit dem Resultat, dass Entfremdung sich in neuen Formen äußert. Die Zerstörung individueller Erfahrung mittels technischer Artefakte produziert eine Diskontinuität des Bewusstseins, die die Jetztzeit zum Maßstab des Handelns sowie das Vergangene als abgelegt, der Informationstechnologie und dessen Archiven überlassen, erklärt. Dieser subtile Trennungs- und Enteignungsprozess kennt keine Agenten, keine anmaßenden, autoritären Institutionen; nur involvierte Subjekte in Interaktion mit dem wirklichen Leben.

Es war *Edward Snowden* der 2014 in Citizen Four zu Protokoll gab, dass „der Analyst alle Dokumente aus Deinem Leben durchsuchen kann“, die Sicherheit mithin relativ ist. Seither hat die Digitalisierung ein fassbares Gesicht erhalten und es sprechen viele bzw. „zehn Gründe dafür, warum Du Deine Social Media Accounts sofort löschen musst“, wie *Jaron Lanier* (2019) proklamiert. Die Corona-App ist fraglos ein technischer Erfolg mit vergleichsweise geringem Nutzen, aber ohne leistungsfähiges Netz ein gesundheitspolitischer Papier-Tiger. Der neue Mobilfunkstandard der fünften Generation (5G), der in Echtzeit arbeiten sowie alle relevanten Geschäftsfelder zukünftig revolutionieren wird, liegt heute noch an der kurzen Leine. Roboter, ausgestattet mit Künstlicher Intelligenz (KI) stehen in den Startlöchern, warten auf das Kommando, die Menschheit vom 'Alltag' und dessen Malaise zu befreien.

Aber nein, all diese zukunftsweisenden Szenarien des Internet of Things (IOT), die eine neue Welt und ein besseres Leben in einer Digital Society versprechen, sie all besitzen einen materiellen Kern – sind evidente Realitäten. Im Aufstieg von Amazon und dem Niedergang von Karstadt spiegelt sich eine neue Epoche, angetrieben einerseits von einer fertigungstechnischen Revolution sowie einer bürokratisch-digitalen, via Algorithmen gelenkten, Transformation, andererseits durch die Expansion immaterieller Arbeit und exklusivem Konsumbewusstsein. Sowohl die Kontrolle über und das Einsammeln von Daten wird zum Geschäftsmodell der Digital Society als auch die Einbindung der Individuen via digitaler Selbstbeteiligung.

Die Demokratisierung von Unsicherheit und Panik, von Utopie und Glücksversprechen führt die Menschheit in eine neue Epoche, die alle – ob gewollt oder ungewollt – an einen Tisch bringt. Die Zeitenwende hat begonnen, alle Sphären des Alltagslebens erfasst. Mit der Etablierung von 5G, der Digitalisierung der Biografie (Gesundheitsakte) kann die Beschleunigung des wirklichen Lebens (weiter) erhöht, die gesellschaftliche Produktivität in individuelle Atemlosigkeit einmünden – ganz nach *Alexander Kluge* i.S. des 'Angriffs der Gegenwart auf die übrige Zeit'. Durch die Aufhebung der Trennung von Öffentlichkeit und Privatheit geht der Aufstieg von Phänotypen wie Entrepreneur und Consult, von Crowdworker*innen und 'Pixeltänzer*innen', gepaart mit neuer Subjektivität, einher. Softwareprodukte wie Cookies, Tracker, Apps, TV-Mediatheken, Trojaner-Software etc. etc. sind nicht nur symbolische Insignien der neuen Zeit, sie sind *von* Menschen produzierte Waren zur Konsumption *durch* Menschen – mithin Waren *an sich* als auch Waren *für sich*. Der Aufruf zur digitalen Selbstverteidigung ist ebenso wenig ein Scherz wie das Bedürfnis nach individueller Sicherheit, befriedigt von den Märkten der Sicherheitsindustrie und dem Konsum der User*innen.

Alle uns bekannten Institutionen stehen in der Digital Society zur Disposition – und somit deren Autorität (Glaubwürdigkeit), Legitimität sowie Funktionalität. Es gibt keine Ausnahmen mehr! Unternehmen und Gerichte, Verwaltungen und Banken, Schulen und Hochschulen, 'freie' und 'unfreie' Berufe, Gesundheitsexperten*innen, Anwaltskanzleien, Architektur- und Steuerbüros, Schiffsmakler und Airlines usf. – sind von der Transformation betroffen. Qualität und Quantität von Interaktion sind in der Epoche der globalen Fabrik neuen Dimensionen ausgesetzt. Menschliche Erfahrung im Umgang mit Zeit und Raum stößt an Grenzen. Die neue Form der Interaktion berührt sowohl die gesellschaftliche Produktion von Waren und personenbezogene Dienstleistung als auch die Produktion von Subjektivität. Schulen und Hochschulen organisieren sich rund um Tablets und Cloud neu – diskutieren die 'Theorie der Halbbildung' in Absprache mit Alexa oder Siri. Kliniken müssen Stabsabteilungen beschäftigen zum Zweck der Abwehr von Hackerangriffen durch Daten-Piraten oder Geschäftsfelder coronakonform der digitalen Kommunikation anpassen.

Gleichwohl, die vielsagende Freiheit des IOT – in der Bundesrepublik unter dem Label 'Industrie 4.0' vermarktet – eröffnet Gesellschaft und Individuen u.a. im Home Office neue Spielräume. Die Chance, eine Weltgesellschaft i.S. eines 'Gesamtarbeiters' (*Marx*) zu etablieren, erscheint realistisch. User*innen auf allen Erdteilen laden auf Youtube, Tiktok und Spotify dieselben Videos hoch, nehmen Teil an den Demonstrationen der Gelbwesten in Frankreich, den Forderungen der Bürgerrechts-Aktivisten*innen in Honkong, an den Aktivtäten des italienischen Sardinen-Movimento oder an der Friday-for-Future-Bewegung. Die Menschheit rückt im Word Wide Web näher zusammen – mit und ohne Covid19. Solidarität und Teilhabe erlangen eine andere, emotionale und rationale Qualität, die kulturelle sowie sprachliche Barrieren relativiert resp. diese in einen neuen Vergesellschaftungsmodus versetzt. Geo-Politik erlangt den Charakter von Welt-Innenpolitik und die industrielle Güterproduktion folgt einheitlichen technischen Standards – unabhängig davon, ob KUKA-Roboter in Sindelfingen (BRD) oder in Wuhan (China) Daten verarbeiten.

Materielle und immaterielle Arbeit nähern sich weltweit an, mit Rückwirkungen auf Ideen von Freizeit, Konsum, Kindererziehung, Health Care, Bildungskarrieren etc. Wir sitzen zwar (demnächst) in einem Boot, das Embarking erfolgt allerdings im Nord-Süd-Vergleich auf unterschiedlichen Wasserständen sowie asymmetrisch verteilten Ressourcen! Und doch: Pandemie und Klimakrise offenbaren und befördern ein gemeinsames Bewusstsein für die Krisenmodi der (Welt-)Gesellschaft bzw. der digitalen Maschinerie.

Der hier aufgespannte resp. begonnene Diskurs über die Digital Society (oder globale Fabrik), geprägt von Datenakkumulation, KI (Quantencomputern) sowie experimentellen Start-ups lässt nicht nur objektive Widersprüche erkennen, die sich in der 'Lebens- und Arbeitswelt', im öffentlichen Leben wie in der Privatsphäre manifestieren, er wirft auch die Frage nach der Konstitution von Subjektivität in einer durchdigitalisierten Welt auf. Deshalb sind in analytischer (und theoretischer) Absicht drei Ebenen zu studieren, die den Zusammenhang von Produktion und Reproduktion 'moderner' Gemeinwesen zum Gegenstand erklären. Wie Freude nicht von Trauer, ist Technik und dessen Transformation nicht von Gesellschaft zu trennen. Auf diesem Hintergrund sollten drei Fragestellungen den Horizont der Digitalen Society öffnen, die Akquise von einschlägigen Manuskripten erleichtern und die versammelten Beiträge der Autorinnen und Autoren thematisch sortieren.

- Welche Form(en) der Vergesellschaftung verbergen sich hinter der Digitalisierung von (Lohn-)Arbeit und Alltag bzw. Privatleben?
- Welche (strategischen) Optionen eröffnen sich der Politik des Sozialen im Feld personenbezogener Dienstleistung hinsichtlich der digitalen Steuerung von Verwaltungsabläufen?
- Ist die Profession Soziale Arbeit noch à jour? Wenn ja, welche digitalen Kompetenzen sind in Erwartung der angebrochenen Zukunft gefragt?

Im Zentrum des Heftes steht mithin die Digitalisierung der Reproduktionssphäre, in der Bundesrepublik und deren Politik der Etablierung einer Digitalen Society in den Feldern der Sozialen Arbeit, der Industriellen Beziehungen sowie der Kinder- und Jugendhilfe.

## Zu den Beiträgen im Einzelnen

*Friedhelm Schütte* diskutiert in drei Akten den Zerfall bürgerlicher Öffentlichkeit sowie neue Formen sozialer Interaktion. Ein Prolog, der die digitale Maschinerie zum Ausgangspunkt sowohl einer neuen Stufe kapitalistischer Produktionsweise als auch von Vergesellschaftung erklärt, leitet den Beitrag ein. Im Epilog wird auf die Krise der Wissenschaft in Krisenzeiten eingegangen, mithin auf die Ratlosigkeit, die mit der Produktion von Weltgesellschaft einhergeht. Im Mittelpunkt steht der Wandel warenproduzierender Gesellschaften via Datenökonomie und Informationstechnologie sowie die Aufhebung der klassischen Trennung von Öffentlichkeit und Privatheit. Die zentrale These der Erosion bürgerlicher Öffentlichkeit materialisiert sich in ebendieser Grenzverschiebung auf der Basis digitaler Produktionsmittel sowie der Expansion immaterieller Arbeit. Ein Blick in den Maschinenraum der globalen Fabrik offenbart nicht nur die Verwerfungen von Digitalisierung und neue Formen weltweiter Arbeitsteilung, sondern auch das Verständnis von Freiheit und die Involviertheit der Subjekte in den globalen Transformationsprozess. Ein Leben in Unsicherheit, der Kontrollverlust über das wirkliche Leben und der Wert des Privaten sind deshalb Thema. Die verdichtete Verdinglichung wird im dritten Akt 'inszeniert'. Was, so die Frage, kann man dem 'universale(n) Verblendungszusammenhang' (*Adorno*) entgegenstellen?

*Peter Schadt* argumentiert in seinem Artikel „Die Digitalisierung als Scheinsubjekt“, dass der Einsatz digitaler Technologien nicht davon zu trennen ist, zu welchen Zwecken sie eingesetzt werden. Insbesondere im Hinblick auf die theoretische Folie der Industrie 4.0 als „sozio-technisches System“ wird gezeigt, dass „die Digitalisierung“ hier ein Eigenleben zu haben scheint, in Wirklichkeit aber nur zur Anwendung kommt, um Betriebsabläufe zu rationalisieren und das Kapitalwachstum zu steigern. Es ist demnach keine offene Frage, sondern eine Sache organisierter sowie gewerkschaftlicher Gegenwehr bzw. eine Frage der Gestaltung Industrieller Beziehungen und welche Auswirkungen diese auf die Lohnarbeitenden im Arbeitsalltag haben.

Ausgehend von der „Labour-Process-Debate“ der 1970er Jahre und den grundlegenden Charakteristika Sozialer Arbeit als Dienstleitung, diskutiert der Artikel von *Christof Beckmann* die Gefahren einer Taylorisierung und De-Professionalisierung der Sozialen Arbeit. Die Inkorporation sozialpädagogischer Wissensbestände in Programme der Planung, Dokumentation und Steuerung der professionellen Handlungsvollzüge haben das Potential, professionelle Organisationskulturen zu kolonialisieren und so einer managementorientierten Kontrolle zugänglich zu machen.

Der Artikel von *Phillip Gillingham* und *Timo Ackermann* thematisiert die Einführung von datenbasierten, elektronischen Entscheidungsunterstützungssystemen in der internationalen Kinder- und Jugendhilfelandschaft. Sie weisen auf gravierende konzeptionelle Probleme dieser Systeme hin, die dazu führen, dass sie weder zuverlässig Vorhersagen treffen noch ethisch vertretbar sind. Vor diesem Hintergrund stellen sie die Frage, ob die zu erwartenden Kosten für die Entwicklung von entsprechenden Programmen für die deutsche Kinder- und Jugendhilfe nicht sinnvoller in eine weitere Professionalisierung der dort tätigen Fachkräfte und Organisationen investiert werden sollte.

Der Artikel von *Matthias Stein* schließt an die beiden vorangegangenen Artikel insofern an, als dass er die tiefgehende bürokratische Steuerung von Handlungsvollzügen auf der operativen Ebene in den Hamburger „ASDs“ bespricht. Das dort verwendete Programm Jus-IT gewinnt dabei für die beschäftigten Fachkräfte eine scheinbare Eigendynamik, okkupiert das Fallgeschehen und führt letztlich dazu, dass eine partizipative, auf Aushandlung und Respekt beruhende, koproduktive Erbringung sozialpädagogischer Leistungen erschwert wird.

Der Beitrag von *Birgit Herz* stützt sich auf zehn zugängliche Studien aus dem Feld von Sonder-, Sozial- und Inklusionspädagogik. Mit dieser Auswahl, die sich als erste 'orientierende Sichtung' begreift und die Abwesenheit der bundesrepublikanischen Erziehungswissenschaft in diesem Feld konstatiert, organisiert die Autorin einen Überblick über die 'globale Entwicklung' einerseits und die 'Transformation der Bildungs- und Erziehungssysteme' andererseits. Der Exkurs zur Digitalisierung auf der Basis 'digitaler Bildungs- und Erziehungssoftware' eröffnet einen Einblick in neue, innovative Profile ehemaliger Pädagogikdomainen'. Die Digitalisierung von Spracherziehung, 'Lernstrategiesensorik', 'Empathieintervention' und 'Biosignal'-Technologie geraten somit in den analytischen Horizont des Beitrags. Die im Titel angesprochene Profession und deren theoretisches Arsenal, so der zentrale Befund, wirken vor diesem Hintergrund unterkomplex und schlicht 'antiquiert'. Der Ausblick auf zukünftige Inklusionspädagogik fällt mit dem Hinweis auf 'dramatische ethische Implikationen' nicht nur nüchtern aus, er konstatiert ferner ein zeitliches Dilemma.

*Die Redaktion*

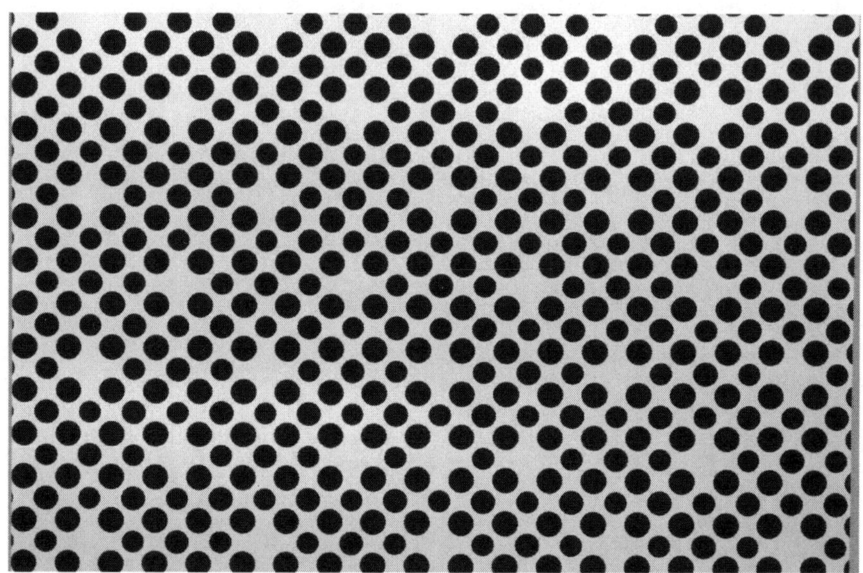

Friedhelm Schütte

# Digitale Produktion von Weltgesellschaft – oder: die Erosion bürgerlicher Öffentlichkeit

## *Prolog:* Die digitale Maschinerie spielt auf zum Tanz[1]

„Das Resultat aller unserer Erfindungen und unseres Fortschritts scheint zu sein, daß materielle Kräfte mit geistigem Leben ausgestattet werden und die menschliche Existenz zu einer materiellen Kraft verdummt" (Marx zit. von Schmidt 1967: 1). Dieses mehr als 170 Jahre alte Statement von *Karl Marx* scheint heute, in der Epoche der digitalen Maschinerie, nicht mehr schlichte Spekulation, sondern empirisch evident zu sein. Das Internet of Things (IOT)[2], die jüngste Erfindung der Menschheit und die mit ihr korrespondierende 'Halbbildung' stellen alle uns bekannten Ideen von Öffentlichkeit und Privatheit radikal in Frage. Freiheit und Autonomie, zentrale Begriffe der bürgerlichen Öffentlichkeit, erodieren resp. werden unwiederbringlich von der digitalen Maschinerie zerstört. Die Agenturen der weltumspannenden Transformation aller warenproduzierenden Gesellschaften in Gestalt von Tech-Konzerne (Alibaba, Alphabet, Amazon, Facebook, Apple, Youtube) produzieren, von unsichtbarer Hand geleitet, eine Digital Society, mit neuen Formen des Zusammenlebens.[3] Weder Erdteile sind davon ausgeschlossen noch bestimmte Bereiche der Warenproduktion und -distribution sowie die direkt korrespondierenden Dienstleistung zur Aufrechterhaltung von Lieferketten und privatem Konsum. Die Sars-CoV2-Pandemie offenbart die globalen Abhängigkeitsverhältnisse alltagspraktisch.

---

1 Der Beitrag wurde Mitte März 2020, zu Beginn des Lockdowns verfasst. Siehe auch: Schütte 2020.

2 Unter IOT wird sowohl die materielle als auch ideelle Seite des Internets verstanden (BMBF 2019; EU-Kommission 2020).

3 Am 29. Juli 2020 fand eine Anhörung im USA-Repräsentantenhaus zur Wettbewerbsbehinderung durch die o.g. Tech-Konzern mit Jeff Bezos (Amazon), Tim Cook (Apple), Mark Zuckerberg (Facebook) und Sundar Pichai (Alphabet) statt. Von staatlicher Regulierung war allerdings nicht die Rede (SZ vom 30.7.2020).

**Widersprüche.** Verlag Westfälisches Dampfboot, Heft 158, 40. Jg. 2020, Nr. 4, 11 – 31

Der Bruch mit der vertrauten Güterproduktion sowie die bürgerliche Idee von Öffentlichkeit und Privatheit und die damit verbundene libertäre Vorstellung von Freiheit und Individualität werden derzeit auf der Weltbühne uraufgeführt (Habermas 1984). Die globale Transformation – zunächst in den Kernbereichen der Industrieländer des Westens sichtbar – stützt sich auf einen tiefgreifenden Wechsel von der materiellen hin zur immateriellen (Lohn-)Arbeit. Online-Pattformen, binäre Codierung und Algorithmen bilden nicht nur die neuen Produktionsmittel ab, sie steuern zunehmend die soziale Kohäsion von Gesellschaften und das Verständnis vom Zusammenleben. Die Idee von Freiheit, Privatheit und Autonomie steht mithin auf dem Spielplan.

Der normative Gehalt dieser zutiefst bürgerlichen Errungenschaften, d.h. der 'Wert des Privaten' (Rössler 2001) wird durch die digitale Maschinerie nicht nur in Frage gestellt, sondern systematisch zersetzt. Der produktive Sektor, getragen von einer weltumspannenden Arbeitsteilung, ist davon gleichermaßen geprägt wie Privathaushalte. Die Dialektik von Freiheit materialisiert sich im Verhältnis von Öffentlichkeit und Privatheit als normatives Bindeglied bürgerlicher Kultur. Was ehemals der Privatheit zugeschlagen, geriert sich in der Epoche der globalen Fabrik öffentlich, die digitale Öffentlichkeit transportiert massenweise Privates. Nicht nur die klassische Trennung von privater und öffentlicher Sphäre wird durch digitale Tools aufgehoben, vielmehr sind die Nutzer*innen sowohl Empfänger als auch Sender. Sie codieren ihre Post zwar nicht und benötigen auch keinen 'Chief Privacy Officer' an ihrer Seite, gleichwohl produzieren sie neue Formen von Öffentlichkeit. Die Interaktion der Weltgesellschaft, m.a.W. Produktion und Reproduktion der Menschheit tritt in eine neue Epoche der Warenproduktion ein. Die Privatsphäre, so *Mark Zuckerberg*, könne heutzutage keine „soziale Norm" mehr sein, vielmehr gebe diese „den Menschen die Freiheit, sie selbst zu sein und sich natürlicher zu vernetzen."[4]

Das Statement des Facebook-Frontmanns lenkt den Blick auf die massiven Veränderungen im Feld der (industriellen) Warenproduktion auf der einen Seite, auf jene der gesellschaftlichen Reproduktion (Lebenswelt) auf der anderen. Die kulturelle Dimension von Gesellschaft einschließlich der Handhabung von Technik ist hiermit ebenso angesprochen wie die Herzkammer kapitalistischer Ökonomie, die arbeitsteilige Gebrauchs- und Konsumgüterindustrie. M.a.W.: die digitale Maschinerie ist in ihrer Ganzheit zu betrachten. Einzelne Aspekte drängen sich auf: Auf dem Spiel stehen die Sicherheit von Produktentwicklung und Patenten, die Sicherheit

---

4 „Die Zukunft ist Privat", so Zuckerberg auf der Entwicklerkonferenz F 8. (SZ vom 5.2.2020).

der Kinder und die des Home Office, der Datenklau von Cyber-Kriminellen, das Bewegungsprofil von Frau Maier, die Durchleuchtung der Krankheitsbiographie, die Arbeitsverdichtung im Büro, die permanente Administration von Updates, die Entwertung von Facharbeit durch Künstliche Intelligenz (KI) usw. usf.

Mit der Beteiligung von Privatpersonen an der Grenzverschiebung von Öffentlichkeit und Privatheit konstituiert sich auf Basis neuer Produktionsmittel nicht nur eine Digitale Society mit speziellem Warenangebot, sondern erlangt auch die Entfremdung eine neue Qualität. Die Enteignung des Lebens, nämlich nur noch Annex der digitalen Maschinerie innerhalb einer global agierenden Fabrik zu sein, treibt insbesondere junge Menschen zu Maßnahmen, die sie unmittelbar berühren. Der Körper wird zur Ware und der Öffentlichkeit als digitale Aufmerksamkeitsofferte preisgegeben. Der Kontrollverlust, nur Objekt, nicht Subjekt der Geschichte zu sein, ist Ausdruck der Verdinglichung resp. Enteignung des 'wirklichen Lebens', befördert und gesteuert von technischen Artefakten. Selbstwertgefühl, soziale Anerkennung und die Idee von Freiheit erfahren in der 'digitalisierten Öffentlichkeit' eine neue Qualität. Der Mensch als Naturwesen unterwirft sich in der Epoche von Datenökonomie und Informationstechnologie einer zweiten Kultur – der Naturwissenschaft.

Auf diesem Horizont agiert die digitale Maschinerie in widersprüchlicher Weise: Einerseits offenbart sie einen totalitären, historisch nachgerade universellen Charakter, der so unterschiedliche Gesellschaften wie die Volksrepublik China und die Vereinigten Staaten von Amerika gesellschaftlich determiniert, andererseits die Vergesellschaftung der gesamten Menschheit auf ein neues Niveau mit ungewisser, offener Zukunft hievt (Marcuse 1979: 17ff.; Habermas 2020). „The Remaking of the World“ ist offensichtlich der vorgezeichnete Weg der Epoche (Thompson 2019). Die subjektive Herausforderung der Menschheit ist fraglos größer als die vermeintlich objektive. Eine 'bewusste Produktion' von Gesellschaft, die auf breite Kooperation und freie Assoziation gründet, könnte ein politisches Ziel markieren. Keine Frage: Ein Gespenst geht um auf dem Globus – der Geist des Digitalismus. Proletarier aller Länder, come together!

Der erste Akt widmet sich einzelner, ausgewählter Phänomene der digitalen Maschinerie, die sowohl das qualitativ Neue als auch die Breite der digitalen Dynamik beleuchten. Dazu wird ein kurzer Blick in den Maschinenraum der globalen Fabrik geworfen. Der zweite Akt stellt die Erosion von bürgerlicher Öffentlichkeit und das 'Kraftwerk der Gefühle' (*A. Kluge*) ins Zentrum. Eine Diskussion über den Freiheitsbegriff ist damit ebenso intendiert wie eine Stellungnahme zum 'Ende der Repräsentation' (Assmann 2020), das indirekt den Verlust von Kontrolle über das wirkliche Lebens als Ausdruck totaler Entfremdung thematisiert. Im dritten Akt wird die Epoche der digitalen Maschinerie (Digital Society) als widersprüchlicher, historischer Prozess mit all seinen produktiven Zerstörungen und Verwerfungen diskutiert. Die Suche nach einer Antwort auf die Frage, No way out wird mit drei Einlassungen aufgenommen. Es folgt ein knapp gehaltener Epilog.

## *Erster Akt:* Kurzer Blick in den Maschinenraum

Die digitale Maschinerie hat viele Gesichter. Sie erfasst alle Bereiche des Alltagslebens warenproduzierender Gesellschaften, d.h. die öffentliche gleichwie private Sphäre sowie die Arbeitswelt (Schütte 2018). Sie kontaktiert zunächst physisch Nationalstaaten, Rechtsräume, Banksysteme, Sicherheitsapparate etc. auf allen fünf Kontinenten. Pioniere der digitalen Revolution prägen ebenso die Szenerie wie Apologeten und Kritikerinnen (Isaacson 2018; Lanier 2019; Mahnkopf 2019; Staab 2019; Türcke 2019). Der Ruf, den „Social Media Account sofort [zu] löschen" (Lanier 2019) ist ebenso aktuell wie das IOT kritiklos zu promoten und die binär gesteuerte, weltumspannende Warenproduktion als größte Errungenschaft der Menschheit anzupreisen.[5] Dem grassierenden Objektivismus steht ein kruder Subjektivismus gegenüber. Öffentliche bzw. gesellschaftliche Belange werden mit individuellem Handeln bzw. Privatinteressen vermischt, der Zusammenhang von digitaler Produktionsweise und subjektivem Verhalten im Alltag negiert. Dass die wachsende Entfremdung verbunden mit Unsicherheit ursächlich auf die kapitalistische Warenproduktion mit ausgefeilter Arbeitsteilung verweist, ist Ausdruck fehlender Gesamtsicht (Böhle/Weihrich 2009). Der Fetischcharakter des IOT, „die Illusion des Ansichseins weist darauf zurück, daß [das IOT, F.S.] in der Totalität [seines] subjektiven Vermitteltseins an dem universellen Verblendungszusammenhang von Verdinglichung" teilhat (Adorno 1973: 252). M.a.W.: Die Subjekte beleben nicht nur die digitale Maschinerie, sie sind objektiv auch deren Gefangene, Opfer des Fetischcharakters der Ware IOT.

Der Doppelcharakter des IOT materialisiert sich auf Internet-Plattformen unterschiedlichster Art (Gerber 2019: 263ff.). In dieser Produktionsweise spiegeln sich zum einen neue Varianten der Trennung von Kopf- und Handarbeit, zum anderen die Ablösung der traditionellen Facharbeit durch immaterielle Tätigkeiten im außerhäuslichen sowie häuslichen Bereich. Plattformtechnologien, Crowdworking, aber auch industrielle Leichtbauroboter in konventionellen Fertigungsstraßen bedienen sich des Produktionsmittels Internet (Schütte 2017).

---

5 Insbesondere im Feld des Gesundheits- und des Bildungssystems wird eine glorreiche Zukunft heraufbeschworen: Engartner/Schröder 2020; Frey 2020.

Sie bieten der immateriellen Arbeit neue Tätigkeitsfelder, mit neuen arbeitsprozessbezogenen Interaktionsstrukturen und Geschäftsmodellen – erprobt u.a. in Start-ups und privaten Nischen. Neue Formen von Unabhängigkeit kollidieren mit beschränkten Arbeitsverträgen.[6] Der Preis der Freiheit gründet auf formalisierten und engmaschig kontrollierten Arbeitsschritten. Die Varianten plattformbasierter Onlinearbeit basieren in großen Stil darauf, „die Subjektivität des Einzelnen reell zu subsumieren, indem die Kommunikation und Interaktion zu integralen Bestandteilen des Arbeitsprozesses werden, die im Produktionsraum der Plattform stattfinden" (Gerber 2019: 273). Wenngleich dies nicht unisono für jedwede Form immaterieller Arbeit gilt, die Varianten sind vielfältig (Gnisa 2019: 279ff.)[7], eröffnen sich individuelle Freiheitsgrade, die die Relation von Raum und Zeit bzw. das Verhältnis von privater Lebens- und teilöffentlicher Arbeitswelt systemisch konterkarieren. Der immateriellen Arbeit liegt ein neues Verständnis von Wissen und Werkzeug zugrunde. „Bei den in den digitalen Infrastrukturen verdichteten Informationen handelt es sich daher um allokatives Wissen und bei den Plattformen um *allokative Produktionsmittel*" (ebd.: 282). Das allerdings betrifft nur einen direkt von Tech-Konzernen abhängigen Teil von Clickworkern. Für einen Großteil des Crowdworking (Anwender) und die Arbeit von Programmierern gilt: Individuelle Freiheiten korrespondieren mit kreativen Potentialen. *Zuckerbergs*, an die Mitarbeiter*innen postuliertes Arbeitsethos, „Move fast and break things", rekurriert sowohl auf die Zerstörung alter Normen bei der Software-Entwicklung als auch auf einem kreativen Flow von Wissen (Thompson 2019: 46).

Der Blick in den Maschinenraum der globalen Fabrik offenbart eine digital gelenkte Produktionsweise, die neue Kommunikationsmodi mit einer Umgestaltung von Öffentlichkeit verbindet (Türcke 2019: 157ff.)[8]. Die Frage von Freiheit, mithin die Gestaltung von u.a. politischer Öffentlichkeit, ist davon unmittelbar betroffen. Ethische Aspekte sind damit inkludiert, aber auch politische, ökonomische und soziale Praxen. „Today, as we find ourselves within a radical scientific-technological socio-political ecology in which science and technology determine knowledge and

---

6 Die Start-up-Szene kann derzeit (2018) allerdings volkswirtschaftlich als marginal bezeichnet werden. Nur 5% der bundesdeutschen Hochschul-Absolventen*innen gründen ein Unternehmen. Junge Frauen stellen in der Szene eine Minderheit dar.

7 *Gnisa* (2019: 280ff.) unterscheidet innerhalb der globalen Fabrik vier Plattformtypen. Sie differieren im Grad an „Komplexität" (implizites Wissen, kommunikative Fähigkeiten) und in individueller Kreativität sowie sozialer Kooperationsbereitschaft.

8 Siehe hier insbesondere Kap. 3, „Digitale Gefolgschaft" mit den Themen „Netz-Fragmentierung" und „Tribalistischer Nationalismus".

subjectivities more than ever, conceptions of ethics are in a process of redefinition" (Schwarz 2019: 121). Die Erfindung und der Einsatz immer neuer Waffensysteme auf der Basis digitaler Produktionsmittel verweist einerseits auf das zerstörerische Potential der digitalen Maschinerie, andererseits auf die Kreativität individuellen Wissens. Die ethische Frage nach Freiheit beinhaltet u.a. die Frage danach, wie wir in Zukunft leben wollen und wie wir soziale Anerkennung in offenen Gesellschaften erfahren resp. konfliktgeladene Interaktion regulieren. „The co-construction of biology and technology is a structural signature of modernity, shaping both how we conceive of technology and how we view life" (Schwarz 2019: 146). Die post-analogen technischen Erfindungen der letzten Dekade lassen ein Szenario erkennen, das die Frage nach dem Naturverhältnis *des* Menschen ins Zentrum der Gattungsgeschichte stellt. Was meint humanes Leben am Ausgang der Industriegesellschaft? Ethische Aspekte sind unmittelbar mit technologischen verknüpft. „However, the pursuit of trans-humanism through AI, nanotechnology, information technology and cognitive sciences (NBIC) and other scientific-technological interventions does not appear to offer a stasis" (ebd.: 153).

Das von Google seit 2014 im Bereich der Militärforschung betriebene Deep Mind Projekt lässt unter Rückgriff auf Artificial Intelligence (AI/KI) nicht nur ein außerordentliches militärisches Vernichtungspotential diesseits von Atomwaffen erahnen, sondern zunächst die destruktive Potenz der digitalen Maschinerie und deren Gleichgültigkeit gegenüber potentiellen Anwendungsbereichen. Technik – auch dieses auf Basis des 'informatic turn' agierende Projekt ist ein Beispiel dafür – verhält sich vermeintlich neutral und „setzt immer Natur voraus" (Oldemeyer 1988: 37). Mit dem angelaufenen Defence Advanced Research Projekt (DARPA)'s Peak Solider Performance Program[9] des Pentagon wird menschliches Handeln im Umgang mit Robotern, digital agierenden Automaten, an der Schnittstelle Mensch-Maschine-Systeme trainiert und mit einer (vergleichsweise) gesicherten Netzinfrastruktur gekoppelt (Schwarz 2019: 149).[10] Die zu technischem Ruhm und militärischer Präzision gelangten Drohnen läuten eine neue Ära der weltum-

---

9 Das Projekt kapriziert sich auf die Entwicklung sog. künstlicher Intelligenz (KI) und gründet auf einem Aufkauf einer britischen IT-Firma sowie der US-Firma Boston Dynamics (Schwarz 2019: 169, Anm. 3).

10 „DARPA's Peak Soldier Program was designed to artificially 'supercharge' soldiers energy levels, alertness and metabolic capacities to allow them to operate at peak performance levels for extended periods of time" (Schwarz 2019: 169). DARPA finanziert mit staatlichen Mitteln Grundlagenforschung an Universitäten und Unternehmen seit dem Sputnik-Schock 1959.

greifenden Waffenherstellung ein. Ein Cyberkrieg nimmt damit nicht nur objektiv auf dem PC sichtbare Gestalt an, er verlangt von dem beteiligten Personal ferner besondere individuelle Eigenschaften im Umgang mit der abstrakten Technnologie.[11]

Allein die Tatsache, dass der weitweite Handel mit Rüstungsgüter zwischen 2014 und 2018 mit 95 Mrd. US-Dollar (2017) einen absoluten Höchststand seit dem Ende des Kalten Krieges erreicht hat, lässt aufhorchen (SIPRI 2020, Kap. 5). Seit 2003 steigt der globale Waffenexport kontinuierlich, angeführt von den USA (34%), Russland (22%), Frankreich (6,7%), der Bundesrepublik (5,8%) und China (5,7%) (ebd.). Die digitale Maschinerie bedient sich bei der militärischen Güterproduktion, und zwar in allen beteiligten Staaten, sowohl einer Armee von 'supercharge' Wissenschaftler*innen und Ingenieur*innen als auch des fortschrittlichsten Produktionsmittels: hochleistungsfähige Rechenzentren mit Quanten-Computern. Die auf KI-fußende Produktionsweise benötigt eine besondere Netzinfrastruktur und eine neue Rechnergeneration.[12] – Immerhin: Google-Coders stellen einzelne Projekte, u.a. jene, die von der USA-Militäradministration finanziert werden, öffentlich in Frage, trotz eines vom Konzern verhängten Sprechverbots.[13]

Das Word Wide Web produziert in großem Umfang die Ware Ideologie. Die öffentliche Meinung, das wirkliche Leben wird täglich geflutet mit einem unvorstellbaren Datenvolumen von $10^{12}$ Bits pro Sekunde. Viele Institutionen und Köpfe sind daran beteiligt. Darunter befinden sich u.a. seriöse Verwaltungen, Dark-Net-Spieler, Verschwörungs-Populisten, radikalisierte Meinungsmacher*innen. Das Internet bietet Extremisten ganz unterschiedlicher Couleur eine öffentliche bzw. teilöffentliche Plattform, die das Geschäft der Radikalisierung betreibt, befeuert von kruden Ideologien. Der Umlauf von Fake News, dubiosen Fotostrecken (Kinderpornografie etc.) resp. Filmsequenzen (manipulierte Kriegsszenen etc.) u.ä. geistigen Unrat unterschiedlichster Provenienz bedient sich der Informationstechnologie im Stile einer digitalen 'Radikalisierungsmaschine' (Ebner 2019). Nicht nur die Groß-Projekte von *Stephan Bannon*, Trumps ehemaliger Politikberater

---

11 Sohn-Rethel (1981) weist überzeugend darauf hin, dass die Naturwissenschaften, allen voran die Mathematik, erkenntnistheoretisch eine Abstraktion der Natur vertreten, im Grunde die Entfremdung von der Natur, hinter dem Rücken der Menschheit, ideell begleiten.

12 Angesprochen ist hier das 5G-Netz oder die Einführung unterschiedlicher Geschwindigkeiten in Netz mit 1500 bits etc.).

13 Die Rede ist von einem zehn Milliarden US-Dollar Projekt, das laut Aussage des Verteidigungsministeriums der „Erhöhung von Tödlichkeit und strategischer Bereitschaft" dienen soll. Vgl. „Google Angestellte rebellieren gegen Projekte des Konzerns" (SZ vom 2.9.2019).

und späterer Brexit-Agent, benutzen die digitale Maschinerie zur Ideologieproduktion, auch kleinere Firmen eignen sich die digitalen Produktionsmittel zur Desinformation und Manipulation an. Die Netzaktivitäten gehen über Werbung im öffentlichen Raum weit hinaus. Sie führen ganz gezielt 'Informationskriege' gegen Fremde, Frauen, Schwule und Lesben, Juden, Kommunisten und sonstige Nonkonformisten*innen. Der Kampf um die öffentliche Meinung hat die Printmedien und die Fernsehanstalten längst verlassen, sich vielschichtig ins Netz verlagert.[14]

Fokussiert man die Analyse des digitalen Maschinenraums jenseits konjunktureller Shitstorm-Verwüstungen auf virtuelle Meme-Kriege, dann stellen diese die aktuell größte Gefahr sowohl für die bürgerlichen Öffentlichkeit als auch die individuelle Freiheit dar (Ebner 2019: 130ff.).[15] Troll-Communitys und vergleichbare Online-Subkulturen arbeiten nicht nur effektiv und professionell, sie erreichen weltweit mit den digitalen Medien breite Bevölkerungsschichten auf allen Kontinenten.[16] „Youtube ist einer der Hauptnährböden für Rechtsextremismus im Internet. Mit über 1,8 Milliarden Einzelbesucher*innen (,Unique Visitors') pro Monat zieht die Plattform fast ein Viertel der Weltbevölkerung auf ihre Seiten" (ebd.: 130). Die wohl schlagkräftigste Troll-Armee Europas, die Reconquista Germanica, verfolgt ausschließlich Ziele mit rassistischen, von der Überlegenheit der 'weißen Rasse' ideologisch verbrämten Social-Media-Inhalten. Virtuelle Soldaten werden mit wechselnden Spezialaufträgen 'kommandiert' – ein 'Oberbefehlshaber' lenkt auf Basis von Bots die täglichen Einsätze an der ideologischen Front. In der Regel werden wechselnde Tarnnamen in diesem halböffentlichen Bereich des Internets (bspw. bei WhatsApp; Facebook, Discord, Twitter etc.) verwendet. 'Doxing-Feldzüge', die sich auf das Ausspähen der Privatsphäre spezialisiert haben, bedienen sich hierbei im großen Maßstab u.a. des Social Hackings.[17] Ziel all dieser

---

14 Im Folgenden wird nicht auf die umfangreiche Wahlmanipulation, gelenkt von Cambridge Analytica und Breitbart News etc. etc. eingegangen (Schütte 2018). *Bannon* gründete u.a. die Leuchtturm Movement-Initiative, die nationalistische Bewegungen in Europa enger verbandeln will (Ebner 2019: 113). Zu Russlands St. Petersburger 'Trollfabrik' neuerdings: „Fake News überschätzt" (FAZ vom 5.3.2020).

15 Der Begriff Mem(e) geht auf den Entwicklungsbiologen *Richard Dawkins* zurück (Lanier 2019: 184).

16 Ebner (2019: 132) unterscheidet fünf verschiedene Trolltypen. In den Blick geraten „rechte Trolle, linke Trolle, Newsfeeds, Hashtag-Gamer und Panikmacher", die sich durch abweichende Aktions- und Strategiemuster unterscheiden.

17 Die Umtriebe von Reconquista Germanica bspw. rekurrieren auf das sog. „Handbuch für Medienguerillas", das Hinweise für „Informationsoperationen im digitalen Raum" offeriert (Ebner 2019: 145).

Umtriebe ist es, sensible Daten aus nichtöffentlichen Quellen zu erschließen, um öffentliche Personen (Journalisten*innen, Politiker*innen, Professor*innen, Kritiker*innen usf.) zu diskreditieren und Influencer*innen hinter sich zu scharen. Dabei werden unterschiedliche Strategien aus dem konspirativ-destruktiven Arsenal von Geheimdiensten angewandt. Ganz oben auf der Liste stehen erprobte Klassiker, namentlich Spionage und Desinformation, aber auch gewöhnliches Interaktionsgebaren wie Lügen und Verleumden. Diese Form der Ideologieproduktion folgt dem sog. '4D-Ansatz', der eine erfolgreiche Zersetzungsstrategie von Öffentlichkeit und Privatheit erwarten lässt und sich auf dismiss, distort, distract sowie dismay versteht (Ebner 2019: 123).

'Snipper-Missionen' im Cyberspace – so der Jargon des rechten Medienhandbuchs – veranstalten verbale Attacken auf einen bedeutenden Feind-Account, „mit der Perspektive, die hinter dem Account stehende Person zu beleidigen oder runterzumachen" (Ebner 2019: 145). Diverse Varianten des Informationskriegs führten in der jüngsten europäischen Vergangenheit u.a. zum Rücktritt vom Bürgermeisteramt sowie zu tragischen Todesfällen unter Journalisten*innen. „Die von europäischen Troll-Armeen eingesetzten Taktiken erinnern stark an die der US-Alt-Right. Deren strategisches Handbuch zur psychologischen Kriegsführung liegt auf der obskuren Data-Sharing-Plattform und ist für die internationale ultrarechte Trolling-Community (...) zur Bibel geworden" (Ebner 2019: 150).[18] In der Regel sammeln die rechten bzw. radikalisierten Trolle ihre Follower auf einschlägigen Imagebords wie chan4, 8chan, Reddit ein. Dating-Apps und andere Media-Mainstream-Plattformen – Videospiele und deren Plattformen gelten als bevorzugtes Einfallstor – fungieren als virtuelle Wandzeitung einerseits zur Rekrutierung von Cyber-Kombattanten, andererseits zur Zerstörung eingeübter Kommunikations- resp. Interaktionsformen mit fatalen Folgen für das soziale Zusammenleben. Nicht nur die öffentliche Austragung von Konflikten wird hiermit konterkariert, vielmehr werden politische bzw. individuelle Lernprozesse systematisch blockiert. „Die Erosion des bürgerlichen Diskurses, politische Lähmung, Entfremdung und Unsicherheit gehören zu den schwerwiegendsten Konsequenzen dieses Verfalls der Wahrheit als Wert" (ebd.: 124). Das hat nachhaltige Folgen für das klassische Verhältnis von Öffentlichkeit und Privatheit. Individuelle Freiheit und Autonomie sind davon unmittelbar betroffen.

---

18 Zur Auseinandersetzung mit dem „Twitter-Account Alt Right Leaks" und weltweite „Alt-Tech"-Netzwerke: Ebner 2019: 130f. und 156ff. Die Zielgruppe von Alt-Right konzentriert sich auf 'weiße Menschen' und deren Kinder i.S. eines 'arischen Volks' (ebd.: 159).

Im Kraftzentrum der digitalen Maschinerie sind bzw. waren Personen beschäftigt, die sich aus Einsicht der 'Unfallverhütung' verschrieben haben.[19] *Jaron Lanier*, der Entwickler von Virtual Reality sowie des Datenhandschuhs und ehemaliger Microsoft-Mitarbeiter, ist einer von ihnen.[20] Er hält nicht nur die Forderung, dass KI sich selbst optimieren soll für absurd, sondern auch den aktuellen Umgang mit Social Media für eine dramatische Fehlentwicklung (Lanier 2018: 437ff.). Mit der Feststellung, die sozialen Medien unterwanderten die Wahrheit, unternimmt *Lanier* einen groß angelegten Feldzug gegen die substantielle Auszehrung von Öffentlichkeit und Freiheit (Lanier 2019: 79ff.). „Selbst die besten BUMMER-Algorithmen können nur die *Wahrscheinlichkeit* berechnen, dass eine Person sich auf eine bestimmte Weise verhalten wird. Was jedoch für jeden Einzelnen nur eine Wahrscheinlichkeit ist, wird im Durchschnitt einer großen Zahl von Menschen beinahe zur Gewissheit" (ebd.: 43). Bummer steht für das Akronym: '*B*ehaviors of *U*sers *M*odified, and Made into an *E*mpire for *R*ent' (ebd.).[21] Der Bummer wird von *Lanier* als agiles Pseudo-Subjekt begriffen, das alle gesellschaftlichen Bereiche durchdringt, insbesondere jene, die das Privatleben berühren. „BUMMER ist eine Maschine, ein statistischer Apparat, der in den Cloud-Netzwerken lebt" (ebd.).

*Laniers* Hinweise zeigen einen radikalen Kritiker der digitalen Maschinerie. Ferner einen scharfen Beobachter liberaler Gesellschaften. Die Erosion von (bürgerlicher) Öffentlichkeit, die im Kern auf einer Idee von Freiheit und Autonomie aufruht, beunruhigt den ehemaligen Pixelforscher zutiefst. Gerade die unsichtbare Hand der neuen Technologien, so der Tenor, greift nach dem Privatleben eines jeden Individuums. „Abgesehen von ganz offensichtlichen Fake People wie Alexa, Cortana und Siri könntest du den Eindruck haben, dass du im Internet noch nie etwas mit einer Fake-Person zu tun hattest – aber das hast du durchaus, und zwar schon oft" (2019 ebd.: 81).[22] Die Sprachassistenten, gemeine Antwort-

---

19 Auf andere Kritiker*innen kann hier nur verwiesen werden, bspw. *Julian Assange, Theresa Manning, Edward Snowden*. Neuerdings: *Tim Berners-Lee* mit dem Plädoyer für ein freies Internet (SZ vom 26.11.2019). Zur Person *Tim Berners-Lee* (Jg. 1955): Isaacson 2018: 473ff. Neuerdings: Levy 2020; „Die Aussteiger" – Tristan Harris und Roger McNamee klagen die „neue Technologie" an (SZ vom 15.9.2020).

20 *Jaron Lanier* (Jg. 1960) versteht sich als „Computerwissenschaftler, nicht als Soziologe oder Psychologe" (Lanier 2019: 42).

21 Der Begriff wird von *Jaron Lanier* mehr oder weniger mit „Meme" gleichgesetzt.

22 Hierzu zählen u.a. auch sog. Deep Fakes, die Fotomaterial resp. Bilder (Videos; Audio-Files) fälschen und Stimmen anderen Personen zuordnen bzw. technisch mit KI-Unterstützung unterlegen. Eines der aktuell boomenden Genres ist das Deep Porn, das Videos manipuliert und Personen sexuelle Praktiken unterstellt, die sie weder

Automaten, operieren auf der Grundlage einer sprachlich angepassten Syntax, so dass verborgen bleibt, dass man mit einem Roboter telefoniert.[23] Die Zerstörung von Öffentlichkeit folgt keiner Verschwörungstheorie und ausgeklügelter Kapitalakkumulation, sie ist das Produkt von technisch objektiven Möglichkeiten und subjektiv gewünschter Sehn*sucht* nach sozialer Anerkennung und kommunikativer Teilhabe an (Welt-)Gesellschaft. Meme bzw. Bummer, so *Laniers* Befund, „untergräbt die politische Entwicklung und schädigt Millionen Menschen, aber viele dieser Geschädigten sind gleichzeitig so süchtig, dass sie nicht anders können, als BUMMER zu loben, weil sie sich darin über Katastrophen beklagen können, die BUMMER ihnen eingebrockt hat" (Lanier 2019: 157).

## *Zweiter Akt:* Das Kraftwerk der Gefühle

Das IOT verschiebt die Gewichte von materieller und immaterieller Arbeit. Körperliche Tätigkeiten, die die menschliche Physis voraussetzen, verlieren in allen Gesellschaften an ökonomischer Bedeutung – mit unterschiedlichem Tempo versteht sich. Zudem verändert die digitale Maschinerie das Verhältnis von toter und lebendiger Arbeit. Tote Arbeit in Gestalt des akkumulierten Wissens der Menschheit übernimmt die Herrschaft in der digitalen Epoche auf der Basis naturwissenschaftlich-mathematischer Erkenntnisse (Sohn-Rethel 1981). Algorithmen sind ein Synonym für abstrakte, inhaltsleere Produktions-und Denkprozesse sowie Sinnbild immaterieller Arbeit (Frey 2020). Die Wissensproduktion ist sowohl Basis als auch Motor digitalisierter Produktionsweise, organisiert in einer weltumspannenden wissenschaftlich-akademischen Arbeitsteilung. Mit der Erfindung digitaler Tools und der Nutzung digitaler Artefakte im öffentlichen und privaten Raum verändern sich die Formen lebendiger Arbeit. Unsichtbar greift das IOT hinter dem Rücken der Subjekte auf das Alltagsleben zu. Immaterielle Arbeit, die Kopf *und* Hand (noch immer) zur Voraussetzung hat, agiert in einer abstrakten Welt ohne sinnliche Erfahrung. Die Trennung von Natur und die wachsende Dominanz toter Arbeit geben der Entfremdung eine neue Qualität.

---

begangen noch gesagt haben. Die Messe für Computergrafik präsentiert derartige Tools (SZ vom 9.1.2020).

23 Der Kulturwissenschaftlicher *Frédéric Kaplan* bezeichnet dieses Geschäft als „linguistischen Kapitalismus". Vgl. „Die Grammatik des Codes" (SZ vom 18.12.2019). Siehe ferner das medientechnische Forschungsprojekt im Feld der Germanistik von *Wolfgang Lukas und Michel Scheffel* an der Bergischen Univ. Wuppertal. In: BWU-output Nr. 21/2019, 29ff.

Leben in Unsicherheit charakterisiert die Digital Society mit ihrer gigantischen Ausdifferenzierung materieller und ideeller Waren.

Die digitale Maschinerie hat die 'Werkstatt' als Teil des öffentlichen Raum verlassen. Sie okkupiert mit ihren digitalen Tools und technologischen Zukunftsszenarien die Privatsphäre. Das vormals u.a. rechtlich abgesicherte Privatleben wird zu einem öffentlichen Raum, der nunmehr Arbeitsteilung und Selbst-Entfremdung eine neue Form verleiht. Die Konvergenz von Öffentlichkeit und Privatheit, die sich extensiv toter Arbeit bedient, lässt das Refugium Privatzone erodieren. M.a.W.: Der „Wert des Privaten" zerbröselt (Rössler 2001). Die immaterielle (Lohn-)Arbeit hält Einzug in die Privatsphäre, okkupiert die Idee von Privatheit und dessen kulturelle Prägung. Die durch Arbeitsteilung hervorgerufene Trennung vom Arbeitsgegenstand wird auf das Alltagsleben übertragen. Die im Trennungsprozess mobilisierten Kräfte, Phantasien und Wünsche (Lebensentwürfe) suchen nach Auswegen resp. Kompensation. Die Unterdrückung der Phantasietätigkeit, deren Kanalisierung durch das IOT, treibt das Selbst-Bewusstsein in die Krise, langfristig in den sozialen Tod. Nur die Revolte bietet einen Ausweg, um dem 'Internetschlachtfeld' zu entkommen.

Die Klage über den Kontrollverlust und die Spiegelung von Entfremdung bspw. im Umgang mit dem eigenen Körper verweisen auf Kräfte im inneren Gemeinwesen, die einer Balanceökonomie unterliegen. Wirklichkeit und Wünsche prallen aufeinander. Souverän der Privatsphäre zu bleiben, die Souveränität zu verteidigen befeuert die Phantasietätigkeit, aber auch die Regression. „Es ist z.B. der Fluß des Protest, der über Selbstentfremdung, den an sich vorhanden Protest stillstellen muß, damit einer es in Arbeit und Freizeit aushält" (Negt/Kluge 1981: 108). Der drohende Verlust von Autonomie kommt einer individuellen Kapitulation gleich.

Die der immateriellen Arbeit inhärente Entsinnlichung von Natur (s.o.) materialisiert sich u.a. in der Rückbesinnung auf den eigenen Körper, in dessen Optimierung und Disziplinierung. Mit der Verfügung über den physischen Körper wird scheinbar das letzte Refugium von Autonomie verteidigt. Die Vereinnahmung des Körpers, namentlich dessen sichtbare Seite – Körperoberfläche, Gesicht und Haare –, aber auch das Posten der eigenen Meinung repräsentiert die ultimative Hoffnung, dem Kontrollverlust, m.a.W: der chronischen Überforderung durch die digitale Maschinerie partiell und/oder dauerhaft etwas entgegenzusetzen. Der Widerstand gegen den Kontrollverlust fordert die Balanceökonomie heraus und mobilisiert die Verteidigung von Privatheit und deren individuellen Wert. Insofern steht das Ganze auf dem Prüfstand und weit mehr als alltägliches Verhalten.[24]

---

24 „Wir müssen alles in Frage stellen und neu denken: Gesetze, Regulierungen, Technologien und menschliches Verhalten", fordert der Internet-Pionier *Tim Berners-Lee* mit

Der „Wert des Privaten" bzw. die Verteidigung von Autonomie erweist sich als Prüfstein des Alltags- resp. Selbstbewusstseins (Rössler 2001). Wird in der klassischen Theorie von Öffentlichkeit das Private „sowohl als das Intime als auch als der traditionell der häuslichen Sphäre zugeordnete Bereich verstanden", dann bearbeitet das IOT mit der Konvergenz von Öffentlichkeit und Privatheit extensiv sowohl die bürgerliche Idee vom Privatleben als auch die materielle Basis von Intimität und Privatheit (ebd.: 11).[25] Der Konvergenzprozess verlangt den Arbeitsvermögen die Verabschiedung von gewohnten kulturellen Praxen, Rechts- und Moralvorstellungen ab, die psychologisch in die Balance gebracht mit dem Erfahrungsgehalt von Generationen brechen müssen. Nicht nur die Idee von Freiheit und Gleichheit stehen zur Disposition, auch die Grenzen der Autonomie verschieben sich.[26] Privatheit wird zu einer Ware unter vielen, deren Wert sowie Freiheitsgrade sich auflösen.

Die Verteidigung von Autonomie erweist sich als Nahtstelle der Kontrolle über das wirkliche Leben. „Privatheit als Kontrolle über den Zugang von anderen und damit als Schutz vor dem unerwünschten Zutritt anderer – wobei dieser Zugang oder Zutritt als tatsächlicher physischer Zutritt (in Räume) und als metaphorischer Zutritt zur Persönlichkeit, und zwar im Sinne eines Zugriffs auf Informationen einerseits und im Sinne von Einspruchs- oder Eingriffsmöglichkeiten in Verhaltensweisen andererseits" die Verteidigungslinie markiert (Rössler 2001: 84). Unmittelbar verbunden damit sind die „Privatheit des Ortes", die „Privatheit der Informationskontrolle", aber auch die „Privatheit der Entscheidung" (ebd.). Wahlfreiheit wäre demnach vorauszusetzen, um sich der Zwänge resp. Freiheitseinschränkung durch das IOT zu erwehren. Nicht nur der allgemeine Begriff von Freiheit, konstitutiv für die liberalen Gesellschaften des Westens, sondern vor allem der Begriff individuelle Freiheit, hinterlegt u.a. in Rechtsnormen, verliert an Kontur bzw. ist der Erosion ausgesetzt. Sowohl die Freiheit zur Bildung eines

---

Blick auf das künftige, weiterhin 'freie' Internet. Er fordert eine Magna Charta für das IOT und stellt drei unhintergehbare Regeln für ein künftiges (anderes) Internet auf. Zu Protokoll gegeben auf dem Berliner Internet Governance Forum im Nov. 2019 (SZ vom 26.11.2019).

25 Die Vorstellung von Raum und Zeit ist seit der Renaissance in Bewegung. 'Zeit' war seinerzeit an einen Ort gebunden. Der 'Ort' erscheint in naturphilosophischer Sicht als 'Raum' (Heller 1982: 190ff.).

26 Auf die unterschiedlichen „Elemente einer Konzeption von Freiheit" wird hier verzichtet (Rössler 2001, 86ff., insbes. 87, Anm. 3). Siehe auch im Sinne von „Selbsterhaltung" des Subjekts und der „Erhaltung" physischer Identität: Honneth 1994, 13ff.

Lebensentwurfs steht demnach zur Disposition als die Suche nach Wahrheit.[27] Der Wahrheit nicht nachgehen zu können, bezeichnet einen substantiellen Verlust an Freiheit, eine Einschränkung des geistigen Lebens und der Orientierung im Cyberspace. Der 'Verfall der Wahrheit' (Ebner) setzt eine auf freie Assoziation gründende Idee von Souveränität über Raum und Zeit im Umgang mit öffentlichen und privaten Ressourcen voraus.

Der Wert von Privatheit lässt sich jedoch auch in Relation zur Öffentlichkeit bzw. am Tauschwert privater 'News' resp. persönlicher Daten im Internet ermessen. Der von Facebook deklarierte Begriff von Freiheit zielt genau darauf. Er verabschiedet den Wert von Privatleben *an sich,* definiert ihn im Kontext einer Digital Society.[28] Der normative Gehalt von Privatheit wird mithin aufgekündigt, substituiert durch die Idee von Freiheit *für sich* – produziert und kontrolliert mit digitalen Tools.[29] Nicht allein die Verfügbarkeit über 'private' Daten wird technisch unterlaufen, auch die Kontrolle über die distribuierten Datensätze selbst gerät außer Kontrolle.

„Instagram ist für viele Jugendliche ein Versuch, eine rundum kontrollierbare Traumwelt zu installieren, in der alles perfekt ist und sie selbst unangreifbar sind" (Imdahl 2019). Die Freiheit des IOT erweist sich als öffentlicher Marktplatz zur persönlichen Generierung sozialer Ankerkennung. Die innere Leere wird via Likes medial kompensiert, das Intime der Öffentlichkeit preisgegeben resp. mit ausgewählten Followern geteilt. Narzissmus und Exhibitionismus lassen sich auf diesem individuell gewählten Medienpfad beliebig befeuern. Die bebilderte Suche nach persönlicher Anerkennung wird zu einem Suchtproblem, das die Präsentation privater Befindlichkeiten gleich welcher Art (Mode-Show, Hass-Speech, Online-Stalking usf.) mit individueller Freiheit verwechselt. Die Plattform Tiktok zeigt aktuell, wie Phantasietätigkeit neue ideologische Waren produziert und der Bewusstseinsindustrie neue Konsumenten zuführt. In diesem Szenario wird sprichwörtlich die eigene 'Haut zu Markte getragen' – die Entfremdung vom eigenen Körper total.

---

27 Hiermit ist unmittelbar die Frage verbunden, „wie man leben möchte, was für eine Person man sein möchte" (Rössler 2001: 83). Welche Restriktionen innerhalb liberaler, bürgerlicher Gesellschaften damit verbunden sind, wird an dieser Stelle ausgeklammert.

28 Siehe die Angaben in Anm. 4.

29 Die Ende Januar 2020 in allen Tageszeitungen bundesweit geschaltete Anzeige von Google, „Privatsphäre ist Einstellungssache", die mit dem Begriff der Freiheit kokettiert, im Kern jedoch von gravierenden Sicherheitslücken ablenkt, bedient diesen absoluten Begriff von Freiheit und verschleiert sowohl den materiellen Wert privater Daten als auch das Ausspionieren der Privatsphäre im großen Maßstab (SZ v. 30.1.2020). Ferner: „Der Fall Clearview" (SZ v. 23.1.2020); „Gewaltiges Datenleck" (FAZ v. 23.1.2020).

Die von den befragten Jugendlichen erfahrene Instabilität, Manipulierbarkeit und Unkontrollierbarkeit des 'wirklichen Lebens', m.a.W. der 'gefühlte Kontrollverlust' (Imdahl) offenbart die reale Dimension der Unterwerfung unter die Logik der digitalen Maschinerie, aber auch der Erosion des Selbst-Vertrauens durch Mobilisierung kreativer Potentiale zu entkommen.

Das IOT als Sehnsuchtsort, der die Flucht aus dem Alltag mit vergleichsweise wenig Aufwand ermöglicht und der Suche nach sozialer Anerkennung ein 'öffentliches' Forum bietet, produziert die Enteignung des Alltagsleben, mithin neue Formen von Entfremdung. In der digitalen Okkupation individuellen Arbeitsvermögens spiegelt sich deren neue Qualität. „Ideen können nicht gegen materielle Produktion kämpfen, wenn diese die Bilder okkupieren" (Kluge 1985: 125). Die der digitalen Maschinerie innewohnende Überschreibung des menschlichen Umgangs mit Raum und Zeit verändert sowohl die persönliche Rahmung von Alltag als auch die Idee von Öffentlichkeit.[30] Das digitale Schlachtfeld erweist sich objektiv als Spiegelbild von Entfremdung und subjektiv als einzige Möglichkeit, persönliche Freiheit und Ankerkennung in Form von Teilhabe zu erfahren.

## *Dritter Akt:* No way out?

Das atomisierte Individuum ist Teil einer Weltgesellschaft, die keine soziale Mitte mehr kennt – nur noch 'hybride Subjekte' (Reckwitz 2006). Der „universale Verblendungszusammenhang von Verdinglichung" (Adorno 1973: 252), den die immaterielle Arbeit auf ein neues Niveau hebt, lässt die lebendige Arbeit im Kontext der digitalen Warenproduktion (notwendig) als gegenständlich erscheinen. Die Unstimmigkeit resp. Widersprüchlichkeit immaterieller Arbeit offenbart die Involviertheit von Subjektivität als Teil der digitalen Maschinerie und zugleich die materielle Basis für eine Revolte.

Die objektiven Bedingungen für eine freie Assoziation, d.h. für eine bewusste Produktion des wirklichen Lebens, verschlechtern sich in dem Maße, wie die digitale Produktionsweise die Grenzen zwischen Privatheit und Öffentlichkeit aufhebt. Mit der digital organisierten Arbeitsteilung wird die Individualität *des* Menschen zu einer unentbehrlichen Ressource kapitalistischer Warenproduktion. Der Fundus toter Arbeit in Form naturwissenschaftlichen Wissens auf der einen Seite, der Zuwachs

---

30 Mit der Auflösung der Grenzen zwischen Privatheit und (Unternehmens-)Öffentlichkeit als Geschäftsmodell von Start-ups gerät das Selbst-Bewusstsein in bedrohliche Turbulenzen (Wiener 2020: 211ff.). „Jeder arbeitet an seinem persönlichen Mythos" (ebd.: 212).

immaterieller Arbeit bzw. deren globale Nachfrage auf der anderen eröffnet der lebendigen Arbeit neue Möglichkeiten. In der formalen Egalität digitaler Tätigkeiten scheint nicht nur eine obszöne Gleichgültigkeit gegenüber dem Produkt durch, sondern auch die Option für soziale Kooperation auf Basis einer freien Assoziation (Wiener 2020). Ein ausgewiesenes Desinteresse gegenüber einer bestimmten 'Art der Arbeit' ist damit verbunden. Die Arbeit auf einer virtuellen Online-Plattform im Home Office unterscheidet sich formal unwesentlich von der Bürotätigkeit in einer Bank oder vom Handling eines Cobot. Individualität wird zu einer ultima ratio vergleichsweise unbestimmter Arbeitsanforderungen.

Mit der Erosion von Privatheit, der Verabschiedung anachronistischer Sozialnormen wird die Voraussetzung zur totalen Einbindung der Subjekte in die warenproduzierende Weltgesellschaft geschafften. Die Digital Society basiert nachgerade auf einer Subjektivierung der (gesellschaftlichen) Produktion. Die Art der 'Entmenschlichung' (Adorno 2019), die im Kontrollverlust ihren adäquaten Ausdruck findet, spiegelt sowohl die Bedingungen resp. Voraussetzung einer digitalvernetzten Produktionsweise als auch eine tiefgreifende Krise von Subjektivität.

Die Einbringung von Privatheit und Individualität in den öffentlich-digitalen Raum erklärt diese zum Objekt – formal zu einem Gut, einer Ware unter Waren. Das veröffentliche Privatleben, mithin das vermeintlich geteilte Intime, wird zum Rohstoff gesellschaftlicher Reproduktion *sowie* substantieller Bestandteil materieller Produktion. Individuelle Empfindungen und Gefühle grundieren subjektiv die immaterielle Arbeit. Sie befeuern wesentlich die Datenökonomie als neue Quelle des Reichtums, aber auch die verdichtete Verdinglichung des Lebenszusammenhangs. Objekt wird Subjekt und damit Motor der digitalen Maschinerie.

Der verdichteten Verdinglichung produktiv zu entkommen setzt Balanceökonomie voraus. Das Vermögen, die Irrationalität des Alltagslebens in der warenproduzierenden Gesellschaft zu durchdringen, die neue Qualität von Öffentlichkeit und Privatheit mit dem wirklichem Leben in Einklang zu bringen, korrespondiert mit der individuellen Erfahrung im Umgang mit dem digitalen (Zwischen-)Raum bzw. der virtuellen Öffentlichkeit sowie der selbstbewussten Reflexion der Digitalen Society. Durch die Veränderung des Raum-Zeit-Kontinuums wird die Balanceökonomie mit der Herausforderung konfrontiert, Privatheit neu zu definieren, d.h.: Grenzen festzulegen, zur Verteidigung der Innenwelt gegen die vermeintlichen Ansprüche der Außenwelt bei gleichzeitiger Aneignung der Außenwelt für die Belange des wirklichen Lebens. Die Verteidigung individueller Freiheit kann nur gelingen, wenn sie dem universellen Anspruch der Gleichheit *aller* Menschen gerecht wird.

Freie Assoziation und soziale Kooperation setzen Wollen und Können voraus, mithin entschiedenen Mut, der digitalen Kultur individuelle Erfahrungen und

Fähigkeiten entgegenzusetzen, um einerseits den Fetisch bzw. Mythos des IOT hinter sich zu lassen, andererseits die Autonomie über das wirkliche Leben zurückzugewinnen. In diesem Sinne fordert die neue Stufe der Produktionsweise unmittelbar sowohl die vorherrschende weltweite Arbeitsteilung heraus als auch das 'Kraftwerk der Gefühle' (*A. Kluge*) – mithin die Subjektivität *des* Menschen. Insofern ist zur Rettung des Ganzen an reflexiven Bildungsprozessen und freier Assoziation festzuhalten, die der Erfahrung neue Horizonte eröffnen. Die digitale Maschinerie befördert vor unseren Augen die 'post-industrielle' Gesellschaft ins Abseits der Weltgeschichte – sie droht mit „differenzlose(r) Identität" der Digitalen Society (Adorno 1973a: 192). Durch die Rückholung von Bildung und die Umkehrung „sozialisierte(r) Halbbildung" (ebd.: 191) kann die bewusste Aneignung des wirklichen, kulturellen und geistigen Alltagslebens gelingen.[31] „Sie hat aber keine andere Möglichkeit des Überlebens als die kritische Selbst-Reflexion auf Halbbildung, zu der sie notwendig wurde" (ebd.).

Die 'bewusste Produktion' (*Marx*) von (Welt-)Gesellschaft bzw. die Umkehrung der digitalen Maschinerie zum Wohl der Menschheit auf Basis sozialer Kooperation und lustvoller Besetzung des digitalen Raums, begriffen als kommunikative Klammer zwischen Öffentlichkeit und Privatheit, muss – wie immer in der Geschichte sozialer Revolutionen – auf die Spontanität der Massen und die Kreativität der Subjekte vertrauen. Mehr darf man nicht erwarten!

## Epilog

Was *wir* noch zu sagen hätten – was *wir* zur Inszenierung von 'Mythos IOT' (und dessen Warencharakter!) noch *nicht* gesagt haben, es hiermit nachholen. „Nicht bloß die Metaphysik [in Form u.a. von Big Data, F.S.], sondern auch die von ihr kritisierte Wissenschaft selbst, insofern sie eine Aufdeckung der wirklichen Krisenursachen hemmende Gestalt bewahrt, ist ideologisch. (...) Mit der Gefährdung einer bestehenden Gesellschaft durch die ihr immanenten Spannungen wachsen die auf Erhaltung gerichteten Energien und werden schließlich die Mittel verschärft, sie gewaltsam zu stützen. (...) Innerhalb der Wissenschaft einer solchen Periode pflegt das ideologische Element weniger darin zu erscheinen, daß sie falsche Urteile enthält, als in ihrer mangelnden Klarheit, ihrer Ratlosigkeit, ihrer verhüllenden Sprache, ihren Problemstellungen, ihren Methoden, der Richtung

31 Zur Auseinandersetzung mit dem Entfremdungsbegriff neuerdings: Jaeggi (2016: 57ff.), hier: "Über-sich-verfügen-können – Zur Rekonstruktion des Entfremdungsbegriffs".

ihrer Untersuchungen und vor allem in dem, wovor sie die Augen verschließt" (Horkheimer 1932: 44f.)[32]

Die 'notwendige Produktion von falschem Bewusstsein' (*Marx*) ist elementarer Bestandteil lebendiger Arbeit, deren *gesellschaftlicher* Charakter. „Zentral bezeichnet dieser Ideologie-Begriff eine Verkehrung, durch die das, was bloß Widerspiegelung und Abbildung gesellschaftlicher Verhältnisse sein könnte, verdreht, gebrochen, auf den Kopf gestellt wird. (...) Wie diese Verkehrung erfolgt, entsteht nicht aus etwas mehr oder weniger Zufälligem oder dem bloßen Willen, es resultiert nicht aus einem Erfahrungs- und Erkenntnismangel der Menschen. Es ist subjektiv-objektiv notwendig insofern, als es die widersprüchliche Erfahrungsgrundlage adäquat ausdrückt und deshalb die Möglichkeit, diese Verkehrung rückgängig zu machen, nur dann gegeben ist, wenn die Erfahrungsgrundlage selber geändert wird" (Negt/Kluge 1981: 790).

Ach – und was ist mit dem „Privatverhältnis der Erfahrung" (ebd.: 791), mit dem Wert immaterieller (Lohn-)Arbeit? „Gebrauchsgegenstände werden überhaupt nur Waren, weil sie Produkte voneinander unabhängig betriebener Privatarbeiten sind. Der Komplex dieser Privatarbeiten bildet die gesellschaftliche Gesamtarbeit. (...) Da die Produzenten erst in gesellschaftlichen Kontakt treten durch den Austausch ihrer Arbeitsprodukte, erscheinen auch die spezifischen gesellschaftlichen Charaktere ihrer Privatarbeiten erst innerhalb dieses Austausches." (...) Den Produzenten „erscheinen daher die gesellschaftlichen Beziehungen ihrer Privatarbeiten als das, was sie sind, d.h. nicht als unmittelbar gesellschaftliche Verhältnisse der Person in ihren Arbeiten selbst, sondern vielmehr als sachliche Verhältnisse der Person und gesellschaftliche Verhältnisse der Sachen" (Marx 1867: 87).[33]

## *Literatur*

Adorno, Theodor W. 1973: Ästhetische Theorie. Frankfurt a.M.

– 1973a): Theorie der Halbbildung. In: Adorno, T. W./Horkheimer, Max: Sociologica II. Frankfurt a.M.: EVA: 168-192

– 1982: Negative Dialektik. 3. Aufl. Frankfurt a.M.

– 2019: Zum Verhältnis von Individuum und Gesellschaft heute. In: Ders.: Vorträge 1949–1968. Frankfurt a.M.: 118-155

32 Zur Krise des Bewusstseins und Krise der Wissenschaft in Krisenzeiten noch immer instruktiv: Hörisch 1985, Vorwort.

33 Das Kapital Bd. I [MEW 23], 1. Kapitel: Die Ware, § 4: „Der Fetischcharakter der Ware und sein Geheimnis", 85ff.

Assmann, Aleida 2020: Erinnerung, Identität, Emotionen: Die Nation neu denken. In: Blätter 65. Jg. H. 3: 73-86

BMBF 2019: Digital Gipfel 2019 – Digitale Plattform. https://www.bildung-forschung.digital/de/digital-gipfel-2019-plattformoekonomie-im-fokus-2718.html#header [Abruf: 11.3.2020]

Böhle, Fritz/Weihrich, Margit (Hrsg.) 2009: Handeln unter Unsicherheit. Wiesbaden

Butollo, Florian/Nuss, Sabine (Hrsg.) 2019: Marx und die Roboter. Vernetzte Produktion, Künstliche Intelligenz und lebendige Arbeit. Berlin

Ebner, Julia 2019: Radikalisierungsmaschinen. Wie Extremisten die neuen Technologien nutzen und uns manipulieren. Frankfurt a.M.

Engartner, Tim/Schröder, Lisa-Marie 2020: Apple, Google & Co.: Kommerz im Klassenzimmer. In: Blätter 65. Jg. H. 7: 45-48

Europäische Kommission 2020: Gestaltung der digitalen Zukunft Europas (v. 19.2.2020). https://ec.europa.eu/info/strategy/priorities-2019-2024/europe-fit-digital-age/shaping-europe-digital-future_de [Abruf 8.3.2020]

Frey, Hannah 2020: Hello World. Was Algorithmen können und wie sie unser Leben verändern. München

Gerber, Christine 2019: Alte Herrschaft in digitalen Gewändern? Der Arbeitsprozess auf Crowdwork-Plattformen. In: Butollo/Nuss: 256-275

Gnisa, Felix 2019: Das Maschinensystem des 21. Jahrhunderts? Die Subsumtion der Kommunikation durch digitale Plattformtechnologien. In: Butollo/Nuss: 276-292

Habermas, Jürgen 1984: Strukturwandel der Öffentlichkeit. 15. Aufl. Darmstadt/Neuwied

– 2020: Moralischer Universalismus in Zeiten politischer Regression. In: Leviathan 48 Jg. H. 1: 8-28; https://www.nomos-elibrary.de/10.5771/0340-0425-2020-1-7.pdf?download_full_pdf=1 [Abruf: 17.3.2020]

Heller, Agnes 1982: Der Mensch in der Renaissance. Köln

Hörisch, Jochen 1985: Die Krise des Bewußtseins und das Bewußtsein der Krise. In: Alfred Sohn-Rethel: Soziologische Theorie der Erkenntnis. Frankfurt a.M.: 7-33

Honneth, Axel 1994: Kampf um Anerkennung. Zur moralischen Grammatik sozialer Konflikte. Frankfurt a.M.

Horkheimer, Max 1932/1988: Bemerkungen über Wissenschaft und Krise. In: Ders.: Gesammelte Schriften, Bd. 3: Schriften 1931–1936. Frankfurt a.M.: 40-47

Issacson, Walter 2018: The Innovators. Die Vordenker der digitalen Revolution von Ada Lovelace bis Steve Jobs. München

Imdahl, Ines 2019: Jugend ungeschminkt – drei Studien. https://www.ikw-jugendstudie.org/download/Zusammenfassung_der_Studie_Jugend_ungeschminkt.pdf [Abruf: 10.3.2020]

Kluge, Alexander 1985: Die Macht der Bewußtseinsindustrie. In: von Bismarck, Klaus/Gaus, Günter/Kluge, Alexander/Sieger, Ferdinand: Industrialisierung des Bewußtseins. München

Lanier, Jaron 2018: Anbruch einer neuen Zeit. Hamburg

– 2019: Zehn Gründe warum du deine Social Media Accounts sofort löschen musst. Hamburg

Levy, Steven 2020: Facebook. Weltmacht am Abgrund. München

Mahnkopf, Birgit 2019: Die falschen Versprechen des digitalen Kapitalismus. In: Blätter für deutsche und internationale Politik, 64. Jg., H. 10: 89-98

Marcuse, Herbert 1979: Der eindimensionale Mensch – Studien zur Ideologie der fortgeschrittenen Industriegesellschaft. 12. Aufl. Darmstadt/Neuwied

Marx, Karl 1867/1977: Das Kapital. Kritik der politischen Ökonomie. Erster Band. MEW 23. Berlin

Negt, Oskar/Kluge, Alexander 1981: Geschichte und Eigensinn. Frankfurt a.M.

Oldemeyer, Ernst 1988: Wertkonflikt und Technikakzeptanz. In: Bungard, Walter/Lenk, Hans (Hrsg.): Technikbewertung. Philosophische und psychologische Perspektiven. Frankfurt a.M.: 33-45

Reckwitz, Andreas 2006: Das hybride Subjekt. Eine Theorie der Subjektkulturen von der bürgerlichen Moderne zur Postmoderne. Weilerswist

Rössler, Beate 2001: Der Wert des Privaten. Frankfurt a.M.

Schmidt, Alfred 1967: Der Begriff der Natur in der Lehre von Marx. Frankfurt a.M.

Schütte, Friedhelm 2017: 'Digitale Fabrik' – Konsequenzen für die Lehrkräftebildung. https://owncloud.gew.de/index.php/s/yg7ofKYBH4HCHXR [Abruf 20.4.2020]

– 2018: Subjektivität im Zeitalter der digitalen Maschinerie – Marx revisited. In: Widersprüche 38. Jg. H. 150: 25-41

– 2020: Erziehung zur Kooperation und zum Mut in der digitalen Epoche. In: Braches-Chyrek, Rita/Röhner, Charlotte/Sünker, Heinz/Hopf, Michaela (Hrsg.): Handbuch Frühe Kindheit. 2. Aufl. Opladen (im Druck)

Schwarz, Elke 2019: Death Maschines. The Ethics of Violent Technologies. Manchester

SIPRI 2020: Yearbook 2019. https://www.sipri.org/yearbook/2019 [Abruf 21.3.2020]

Sohn-Rethel, Alfred 1981: Produktionslogik gegen Aneignungslogik. In: Löw-Beer, Peter: Industrie und Glück. Der Alternativplan von Lucas Aerospace. Berlin: Wagenbach: 195-210

Staab, Philipp 2019: Digitaler Kapitalismus. Frankfurt a.M.

Thompson, Clive 2019: Coders. The Making of a New Tribe and the Remaking of the World. New York

Türcke, Christoph 2019: Digitale Gefolgschaft. Auf dem Weg in eine neue Stammesgesellschaft. München

Wiener, Anna 2020: Code kaputt. Macht und Dekadenz im Silicon Valley. München

*Friedhelm Schütte, Institut für Berufliche Bildung u. Arbeitslehre (IBBA), TU Berlin*
*Marchstr. 23 – Sekr. MAR 1-4, 10587 Berlin*
*E-Mail: friedhelm.schuette@tu-berlin.de*

Peter Schadt

# Die Digitalisierung als Scheinsubjekt

Dass die Digitalisierung vor der Tür steht und 'uns' allen viele Chancen verspricht, sich aber auch so manches Risiko auftut, ist Allgemeingut in der wissenschaftlichen wie der öffentlichen Debatte geworden: „Die Digitalisierung wird sowohl die Produktion als auch die Produkte [...] grundlegend verändern" [Fraunhofer 2019: 5]. Schlagworte wie Elektrifizierung, Robotisierung, Arbeit und Industrie 4.0 stehen begriffslos nebeneinander und sollen alle für eine „technologische Revolution [stehen], die mit nichts Geringerem als einem tiefgreifenden Wandel der menschlichen Zivilisation einhergeht" [Schwab 2016: 9].

Mag auch der Blick auf die ganze menschliche Zivilisation etwas groß sein. Dass tiefgreifende Veränderungen anstehen, ist kaum zu bestreiten. Aber ist es wirklich 'die Digitalisierung', welche die Produktion als auch die Produkte 'grundlegend verändern' wird? Oder ist die Digitalisierung nicht vielmehr die Veränderung selbst, statt der Akteur dieser Veränderung? Die Digitalisierung wird gemacht, und manche Akteure kommen dabei als Treiber vor, andere als Getriebene, manche profitieren davon, andere setzten diesen Profit ins Werk. Werden Arbeitsplätze abgebaut, nachdem neue Techniken die verbliebenen Lohnarbeiter produktiver gemacht haben, dann hat nicht 'die Digitalisierung' gewirkt, sondern ein Unternehmen hat eine ökonomisch kalkulierte Entscheidung getroffen. Die Rede von 'der Digitalisierung' verstellt zu oft den Blick auf diese ökonomischen Interessen der Akteure und ihre Widersprüche und löst alles auf in ein Gemeinsames 'Wir', welches von 'der Digitalisierung' betroffen ist. Viele Beiträge in den Sozialwissenschaften zum Thema Digitalisierung stellen dabei die Auswirkungen der Digitalisierung in den Mittelpunkt. Demgegenüber sollen hier die Subjekte der Digitalisierung in den Blick genommen werden, da deren politische und ökonomische Interessen auch bestimmen, welche Auswirkungen die neuen Techniken auf welche der Akteure haben wird.

Bei dem bisher elaboriertesten Analyserahmen für die aktuellen Entwicklungen – Industrie 4.0 als sozio-technisches System von Hirsch-Kreinsen [Hirsch-

**Widersprüche.** Verlag Westfälisches Dampfboot, Heft 158, 40. Jg. 2020, Nr. 4, 33 – 47

Kreinsen 2017] –, wird 'die Technik' als eigene Dimension vorgestellt. Wenn dieser zum Resümee kommt, dass „der Prozess der Digitalisierung der industriellen Produktion keine *eindeutigen* Folgen für [die] Arbeit nach sich" [Hirsch-Kreinsen 2015: 22; Herv. P.S.] zieht, will Hirsch-Kreinsen damit der veralteten These des Technikdeterminismus widersprechen. Hier allerdings soll im Folgenden gezeigt werden, warum durchaus notwendige Folgen für die Arbeit identifiziert werden können. Diese ergeben sich aus dem ökonomischen Zweck derselben. Das Kapital setzt die neue Technik ein für seine Verwertung, was entsprechende Folgen zeitigt. Es handelt sich also nicht um sachliche Eigenschaften der neuen Techniken, sondern um Folgen ökonomischer Interessen der Akteure.

Im Folgenden soll zuerst die Kritik der Industrie 4.0 als sozio-technisches System dargestellt werden, um daraufhin positiv darzustellen, wie die Digitalisierung marxistisch als Produktivkraftentwicklung analysiert werden kann. Im dritten Teil wird zum Abschluss die Rolle der Gewerkschaft untersucht. Auch dort wird, ähnlich wie bei Hirsch-Kreinsen, häufig von Technik und Mensch als Dimensionen der Produktion ausgegangen.

## 1. Kritik der Industrie 4.0 als sozio-technisches System

Die heutigen Zahlen zum Thema Arbeitsplatzentwicklung durch die Veränderungen der Digitalisierung reichen von der Überflüssigmachung etwa der Hälfte der Arbeitsplätze bis hin zu einer Erhöhung der Arbeitsplätze im unteren 100.000er Bereich. Die Abweichung dieser Ergebnisse liegt an zwei verschiedenen Tendenzen in der Einführung der neuen digitalen Technik, welche beide berücksichtigt werden müssen und reziprok verlaufen: Die Vertreter des ersten Szenarios rechnen aus, welche Arbeitsplätze in den nächsten Jahren überflüssig gemacht werden und wie viele Arbeitsplätze weniger benötigt werden zur Herstellung der gleichen Produktmenge: „Pro Jahr fünf Prozent mehr Output bei gleicher Personalstärke oder eben gleiche Leistung mit fünf Prozent weniger Mitarbeitern" [Kollmann & Schmidt, 2016: 113]. Damit sind sie dem ökonomischen Zweck auf der Spur, welcher durch die neuen Techniken verfolgt wird. Die Erhöhung der Produktivität der Arbeit für eine Reduktion der Lohnstückkosten. Das zweite Szenario geht von der Erhöhung der Wettbewerbsfähigkeit der deutschen Arbeit durch die 'Industrie 4.0' aus und hofft so auf neue Waren, die produziert werden, wie auch auf mehr Export. Beides soll am Ende mehr Arbeit schaffen, als durch die neuen Techniken wegrationalisiert wird. Hirsch-Kreinsen mit seinem Ansatz der Industrie 4.0 als sozio-technisches System stellt sich jenseits dieser beiden Szenarios, wenn er schreibt, „dass die Entwicklung, die Diffusion und Implementation neuer Technologien alles andere als bruchlos und widerspruchsfrei verlaufen und vor allem die sozialen Effekte kaum eindeutig ableitbar sind. Spätestens seit der kritischen Debatte um den 'Technikdeterminismus' in den 1970er und 1980er Jahren wird davon ausgegangen, dass zwischen der Einführung technischer Systeme und den Konsequenzen für Arbeit eine von vielen nicht-technischen und sozialen Faktoten beeinflusste Beziehung besteht" [Hirsch-Kreinsen 2015: 13].

Hirsch-Kreinsen verweist hier einerseits zu Recht darauf, dass aus der Technik selbst keine Konsequenzen für die Arbeit abzuleiten sind. Ob die Steigerung der Produktivität eingesetzt wird um alle weniger oder einige mehr und andere gar nicht mehr arbeiten zu lassen, ist keine technische, sondern eine ökonomische Frage. Andererseits allerdings streicht er dabei die ökonomischen Rahmenbedingungen zusammen zu einem 'komplexen und wechselseitigen Zusammenhang',

> „der von einer Vielzahl ökonomischer, sozialer und arbeitspolitischer Einflussfaktoren geprägt wird und deren Einfluss letztlich darüber entscheidet, in welcher Weise die technologisch gegebenen neuen Nutzungspotenziale tatsächlich ausgeschöpft werden und welche Konsequenzen für die Arbeit sich einspielen" [Hirsch-Kreinsen 2015: 13].

Weil also aus der digitalen Technik selbst keine Notwendigkeiten folgen, löst Hirsch-Kreinsen die Folgen in eine Beliebigkeit verschiedenster Faktoren auf und streicht damit das ökonomische Interesse durch, welches kein beliebiger Faktor unter anderen ist, sondern das kapitalistische Nadelöhr, durch das jede Technik zu gehen hat. Entweder verspricht sich ihr Anwender Gewinn von der Technik, oder diese wird nicht angewendet. Wo es keinen technischen Determinismus gibt, wird bei Hirsch-Kreinsen jede Notwendigkeit bestritten. Der Prozess der Digitalisierung zieht „keine eindeutigen Folgen für Arbeit nach sich" [Hirsch-Kreinsen 2015: 22].

Mit Marx lässt sich darauf antworten:

> „Und dies ist die Pointe der ökonomischen Apologetik! Die von der kapitalistischen Anwendung der Maschinerie untrennbaren Widersprüche und Antagonismen existieren nicht, weil sie nicht aus der Maschinerie selbst erwachsen, sondern aus ihrer kapitalistischen Anwendung! Da also die Maschinerie an sich betrachtet die Arbeitszeit verkürzt, während sie kapitalistisch angewandt den Arbeitstag verlängert, an sich die Arbeit erleichtert, kapitalistisch angewandt ihre Intensität steigert, an sich ein Sieg des Menschen über die Naturkraft ist, kapitalistisch angewandt den Menschen durch die Naturkraft unterjocht, an sich den Reichtum des Produzenten vermehrt, kapitalistisch angewandt ihn verpaupert usw., erklärt der bürgerliche Ökonom einfach, das Ansichbetrachten der Maschinerie beweise haarscharf, daß alle jene handgreiflichen Widersprüche bloßer Schein der gemeinen Wirklichkeit, aber an sich, also auch in der Theorie gar nicht vorhanden sind." [MEW23/465].

### *1.1 Zur Dimension 'Technik'*

Die Technik wird in der Betrachtung der Industrie 4.0 als sozio-technisches System als eigenständige Dimension gedacht, welche in Wechselwirkung mit 'dem Menschen' und 'der Organisation' betrachtet wird. In der Forschungsliteratur gibt es zwei mögliche Szenarien zum Verhältnis von 'Mensch und Technik' bzw. Maschine in der Arbeit 4.0. Beide gehen von einer Intensivierung dieses Verhältnisses als eine Folge der cyber-physischen Systeme aus. Diese gelten als entscheidend für den Erfolg der Digitalisierung. Darunter werden verschiedene technische Lösungen verstanden, welche die digitale Vernetzung der Produktion ermöglichen [vgl. Stich/Gudergan/Senderek 2015: 111].

Wie die Informatisierung der Arbeitswelt zu gestalten ist, reicht von technikzentrierten Szenarien, in denen ein Verlust von Kontroll- und Steuerungsmöglichkeiten für die meisten Beschäftigten befürchtet wird, bis hin zu humanzentrierten Szenarien, in denen der Mensch dank intelligenter Assistenzsysteme sich als kompetent Handelnder und (Mit-)Entscheider einbringt [vgl. ebd.: 113]. Beide sollen an dieser Stelle kurz referiert werden:

Szenario eins wird als technologiezentriertes Automatisierungskonzept bezeichnet und beinhaltet die weitgehende Substituierung von Arbeitsfunktionen durch die Automatisierung. „Es steht außer Frage, dass sich mit diesem Systemkonzept fortschreitend engere Spielräume für die Gestaltung von Arbeit verbinden" [Hirsch-Kreinsen 2015b: 96]. Was genau dieses Konzept für die Mitarbeiter bedeutet, kann dabei bspw. an Amazon illustriert werden:

> „Durch die Regalreihen eilen sogenannte Picker, Mitarbeiter in gelben Sicherheitswesten, die mit Hilfe elektronischer Scanner Artikel einsammeln und in den gelben Wannen zu den Packern schicken. Die wiederum verstauen die Artikel in Pakete und leiten sie weiter zum Versand. Picker und Packer haben keine menschlichen Vorgesetzten, die ihre Wege und Handgriffe dirigieren. Die Arbeiter, Wannen, Laufbänder und Pakete werden von einem hausintern entwickelten Computeralgorithmus gelenkt. Der Computer setzt die Millionen gescannter Barcodes zu einem möglichst effizienten Versandsystem zusammen – und erteilt den Menschen, die hier arbeiten, Handlungsanweisungen. Amazon ist stolz auf seine leistungsstarke elektronische Infrastruktur" [Rehfeld 2015: o.S.].

Das zweite Szenario setzt auf eine ganzheitliche Perspektive der Mensch-Maschinen-Interaktion und wird entsprechend als komplementäres Automatisierungskonzept bezeichnet. „Für die Gestaltung von Arbeit wird bei dieser Systemkonzeption ein technologischer Rahmen gesetzt, der in unterschiedlicher Weise genutzt werden kann" [Hirsch-Kreinsen 2015b: 96]. Bei diesem Szenario soll daher der Mensch im Mittelpunkt stehen, um dessen Interessen und Bedürfnisse herum die technischen Lösungen organisiert sind. Es wird daher auch als menschenzentriertes Szenario bezeichnet. Mit Hinweis auf einschlägige sozialwissenschaftliche Literatur wird nach Hirsch-Kreinsen „übereinstimmend davon ausgegangen" [Hirsch-Kreinsen 2015b: 96], dass nur das zweite Szenario die vollen technologischen und ökonomischen Potenziale ausschöpfen kann.

Zur Reduktion der Arbeit auf einige Handgriffe schreibt Marx in den Grundrissen über die Transformation des Werkzeugs vom Arbeitsmittel, d.h. als Werkzeug des Arbeiters zur Herstellung von Dingen in das, was später als Automat bekannt wird:

> „In den Produktionsprozess des Kapitals aufgenommen, durchläuft das Arbeitsmittel aber verschiedene Metamorphosen, deren letzte die Maschine ist oder vielmehr ein automatisches System der Maschinerie [...], in Bewegung gesetzt durch einen Automaten, bewegende Kraft, die sich selbst bewegt; dieser Automat, bestehend aus zahlreichen mechanischen und intellektuellen Organen, sodass die Arbeiter selbst nur als bewusste Glieder desselben bestimmt sind. [...] Die Maschine erscheint in keiner Beziehung als Arbeitsmittel des einzelnen Arbeiters. Ihre differentia specifica ist keineswegs, wie beim Arbeitsmittel, die Tätigkeit des Arbeiters auf das Objekt zu vermitteln; sondern diese Tätigkeit ist vielmehr so gesetzt, dass sie nur noch die Arbeit der Maschine, ihre Aktion auf das Rohmaterial vermittelt – überwacht und sie vor Störung bewahrt. [...] Die Tätigkeit des Arbeiters, auf eine bloße Abstraktion der Tätigkeit beschränkt, ist nach allen Seiten hin bestimmt und geregelt durch die Bewegung der Maschinerie, nicht umgekehrt" [MEW42/592f].

Das ist allerdings keineswegs zu verwechseln mit der Vorstellung, dass „sich der Mensch weiterhin an den Roboter anpasst" [Windelband/Dworschak 2017: 82]: In der Herrschaft des Automaten drückt sich nach Marx kein Verhältnis von Mensch und Maschine aus, sondern ein genuin gesellschaftliches Verhältnis, das nur als ein Verhältnis zwischen Mensch und Ding erscheint, aber eigentlich eines zwischen Mensch und Mensch ist:

> „Die Aneignung der lebendigen Arbeit durch die vergegenständlichte Arbeit – der verwertenden Kraft oder Tätigkeit durch den für sich seienden Werth, die im Begriff des Kapitals liegt, ist in der auf Maschinerie beruhenden Produktion als Charakter des Produktionsprozesses selbst auch seinen stofflichen Elementen und seiner stofflichen Bewegung nach gesetzt. [...] Das Aufnehmen des Arbeitsprozesses als bloßes Moment des Verwertungsprozesses des Kapitals ist auch der stofflichen Seite nach gesetzt durch die Verwandlung des Arbeitsmittels in Maschinerie und der lebendigen Arbeit in bloßes lebendiges Zubehör dieser Maschinerie; als Mittel ihrer Action" [MEW42: 593].

Die neuen digitalen Techniken sind das Mittel von Akteuren des Kapitals, welche damit ihre ökonomischen Interessen durchsetzen. Als solches Mittel begegnen sie den Akteuren der Arbeit als ein Subjekt, das bei diesen zu einem „Verlust von

Kontroll- und Steuerungsmöglichkeiten“ führt. Dabei handelt es sich allerdings um keine Eigenschaft „der Technik“ selbst – diese hat tatsächlich in Potenz sowohl die Möglichkeit, die Beschäftigen zu be- wie zu entlasten, ihre Arbeiter interessanter wie stupider zu machen. Es handelt sich hier also um kein Verhältnis von Technik zu Mensch, sondern um das Verhältnis Kapital – Arbeit.

Auch die Dimensionen „Mensch“ und „Organisation“ des Analyserahmens „Industrie 4.0 als sozio-technisches System“ hätten eine ausgiebige Würdigung verdient, die an dieser Stelle allerdings nicht geleistet werden kann. Als Hinweis mag genannt sein, dass es sich bei der Dimension ‘der Mensch’ um eine Totalabstraktion, d.h. um eine falsche Verallgemeinerung handelt. Es gibt überhaupt keine Wirtschaft, die nicht am Interesse von Menschen ausgerichtet ist. Die Frage ist nur: Welche Menschen profitieren davon, welche nicht? ‘Technikzentrierung’ ist ein falscher Schluss aus dem Phänomen, dass die kapitalistische Wirtschaft nicht für alle Menschen eingerichtet ist, sondern dass bestimmte Charaktermasken profitieren und andere diesen Profit erwirtschaften müssen. Hier wird – wie bereits oben dargestellt – erneut ein Verhältnis von Mensch zu Technik unterstellt, welches eigentlich ein Verhältnis zwischen Menschen ist.

Damit ist auch der ‘offene Ausgang’ der Digitalisierung für die Arbeit kritisiert. Zwar ist der Ausgangspunkt richtig, dass aus der Technik selbst keine Schlüsse gezogen werden können. Die ökonomischen Interessen der kapitalistischen Akteure bringen aber durchaus ihre Notwendigkeiten mit sich.

## 2. Die Digitalisierung als Expletivum – Das Kapital als Subjekt

Es ist nicht einfach ein Fehler, von der ‘Digitalisierung’ zu sprechen, welche Arbeitsplätze vernichtet oder ‘unsere’ Arbeit erleichtert, obwohl es nicht die Technik selbst ist, sondern Unternehmen, die ihre Betriebe umstrukturieren. Es hat auch, wie gerade beschrieben, ein objektives Moment. Wenn Menschen ihre Arbeit verlieren, weil ein Roboter jetzt ihre bisherige Tätigkeit übernimmt, dann begegnet den Menschen als Phänomen die Maschinerie selbst als Grund ihrer Entlassung. Die wissenschaftliche Erklärung, dass es die ökonomischen Interessen der Unternehmer sind, welche die Arbeit wegrationalisiert haben, und der Roboter selbst nur Mittel ist, ändert an diesem Schein nichts. Ihnen erscheint ein Verhältnis zwischen Menschen als ein Verhältnis zwischen Mensch und Sache oder gleich als ein sachliches Verhältnis: „Den Letzteren erscheinen daher die gesellschaftlichen Beziehungen ihrer Privatarbeiten als das, was sie sind, d.h. als sachliche Verhältnisse der Personen und gesellschaftliche Verhältnisse der Sachen“ [MEW23/86] – das ist es, was Marx als Fetisch bezeichnet.

Der Blick soll im Folgenden auf das Kapital als Akteur gerichtet werden; so wird kursorisch dargestellt werden, welchen ökonomischen Nutzen dieses mit den jeweiligen neuen Techniken verfolgt. Am Ende soll ein Schluss auf die Auswirkungen 'der Digitalisierung' auf die Arbeit gezogen werden.

## *2.1 Neue digitale Techniken und ihr ökonomischer Nutzen für das Kapital*

Robotik und CPS als Techniken zur Erhöhung der Umschlaggeschwindigkeit: Zwei der häufig genannten Techniken in bzw. für die Industrie 4.0 sind die Robotik sowie die Vernetzung der Produktion mit cyber-physischen Systemen (CPS). Die Vernetzung der Produktion und der Einsatz von Robotern dienen den Unternehmern dazu, die Arbeitsprozesse zu beschleunigen [vgl. Urban 2016. 35]. Dieser ökonomische Zweck der technischen Mittel ist bei diesen beiden derselbe. Beide Techniken erhöhen die Selbstverwertungspotenz, was in der Terminologie von Marx einer Vergrößerung der Umschlagsgeschwindigkeit [MEW24: 232] entspricht.

In erster Linie ist darunter zu verstehen, dass durch die CPS sowie durch die Anpassung der Roboter an neue Gegebenheiten Unterbrechungen im Produktionsprozess minimiert werden, und dadurch der Produktionsprozess als Ganzes beschleunigt wird. Das wiederum beschleunigt die Umwandlung von einmal investiertem (konstantem und variablem) Geldkapital in Warenkapital und zurück. Anders ausgedrückt: Unproduktive Phasen, in welchen das Kapital nicht zirkuliert, da die Produktion unterbrochen ist, werden so minimiert. Für diesen ökonomischen Zweck finden sich verschiedene Beispiele:

Beispiel 1: Robotik und CPS als Techniken zur Senkung der Lohnstückkosten: Der Wirkungsgrad der eingesetzten Arbeit, des variablen Kapitals, wird bzw. soll durch CPS erhöht werden [vgl. Grote 2017: 131]. Gemeinhin wird diese Steigerung des Wirkungsgrades der Arbeit ebenso wie die zuvor vorgestellte Erhöhung der Umschlagsgeschwindigkeit als eine höhere Produktivität gefasst. Es handelt sich hier allerdings um zwei verschiedene ökonomische Auswirkungen. Die gerade vorgestellte Erhöhung der Umschlagsgeschwindigkeit spielt sich in der Zirkulation ab – also der Bewegung Kapital – Ware – Kapital. Die nun untersuchte Auswirkung bezieht sich auf die Produktionssphäre, d.h. es geht um die Erhöhung des Wirkungsgrads der Arbeit. Diese Unterscheidung wird auch dadurch erschwert, dass beide Wirkungen Folgen der digitalen Techniken sind.

Die ökonomischen Auswirkungen der beiden Folgen sind zu unterscheiden: Die Erhöhung des Wirkungsgrads der eingesetzten Arbeit hat eine Senkung des Lohnanteils pro Stück zur Folge, den für den einzelnen Kapitalisten entscheidende Nutzen der Produktivitätssteigerung. So gibt es Autohersteller, die in den letzten 20 Jahren ihre Produktivität verachtfacht haben, bei gleichbleibender Zahl von Beschäftigten [vgl. Böhm 2016: 274]. Die gerade ebenfalls vorgestellte Erhöhung der Umschlagsgeschwindigkeit spielt sich in der Zirkulation ab – also der Bewegung Kapital – Ware – Kapital.

Hier ist zu beachten, dass es sich um eine relative Senkung des Lohnanteils handelt und nicht um eine totale Senkung. Es ist also möglich, dass die Löhne sogar steigen und trotzdem die Lohnstückkosten gesenkt werden. Das ökonomische Interesse dieser Entwicklung, mit Marx benannt, ist die Selbstverwertung des Kapitals, welches auf dem Zeitverhältnis von notwendiger Arbeit und Mehrarbeit beruht. Die Verausgabung von Arbeit allgemein hat nach Marx im Kapitalismus den Zweck, das Verhältnis von notwendiger und Mehrarbeit zu Gunsten letzterer, die Verwertung des Kapitals, voranzutreiben, also „misst nicht die absolute Größe des Produkts, sondern die relative Größe des Mehrprodukts den Höhegrad des Reichtums“ [MEW23: 243] und dieser Reichtum ist Zweck der Produktion.

Beide Effekte gemeinsam, Erhöhung der Umschlaggeschwindigkeit sowie die Erhöhung des Wirkungsgrads der Arbeit, was der Reduktion der notwendigen Arbeit sowie der entsprechenden Erhöhung der Mehrarbeit entspricht, fallen als Phänomen wieder zusammen und finden ihren Ausdruck in der indifferenten Phrase von der erhöhten Produktivität: „Eine Fabrik der Augsburger Firma Kuka in Toledo im US-Bundesstaat Ohio [...] Das Werk ist ein Beispiel für die sogenannte Industrie 4.0 [...] Mehr als 60.000 elektronische Bauteile wie Rechner, Server, Sensoren und Klemmen sind vernetzt 246 Roboter 372 Arbeiter. ‘Früher haben wir etwa vier Stunden gebraucht, um eine Karosserie zu bauen heute ungefähr 90 Minuten’“ [SZ, zitiert nach Decker 2016: 26].

Inwiefern hier Abläufe der Zirkulation oder der Produktion erhöht wurden bzw. wenn beide, in welchem Verhältnis, ist dem Ergebnis, dass die Karosserien nun schneller gebaut werden, nicht zu entnehmen.

Wird allein das Ergebnis betrachtet – mehr Produkt in weniger Zeit – dann liegt es für viele nahe, von einer Entlastung der Arbeitnehmer auszugehen. Ist allerdings mit der Erhöhung der Umschlagsgeschwindigkeit der ökonomische Zweck benannt, dann führt diese Sorte Produktivitätssteigerung gerade zu einer gegenteiligen Entwicklung. Der Arbeitnehmer muss sich an die neue Geschwindigkeit im Produktionsprozess, der von Unterbrechungen gesäubert wurde, anpassen. Diese Stockungen in der Zirkulation sind nämlich umgekehrt für den Arbeitnehmer Pausen. So hat dieses ökonomische Interesse für den Arbeiter einerseits eine Senkung der Lohnstückkosten zur Folge, andererseits auch eine Verdichtung der Arbeit.

Beispiel 2: Smart Factory als Diversifizierung des konstanten Kapitals sowie Grundlage eines neuen Konkurrenzfeldes: der individuellen Massenfertigung: Auch beim konstanten Kapital wird die ökonomische Nutzbarkeit durch die neuen Techniken erhöht, durch ein „hochkomplexes, wandlungsfähiges und flexibles“ [Windelband/Dworschak 2017: 84] System namens Smart Factory. Bei der Smart Factory handelt es sich um eines der „Kernelemente“ [Becker 2015: 24] der Digitalisierung. Es handelt sich dabei um Netzwerke, die sich eigenständig optimieren und im „Zusammenspiel mit dem Menschen eigenständig Probleme lösen. Es entsteht die sogenannte Smarte Fabrik, die sich mit Hilfe der CPS dezentral selbst echtzeitnah organisiert“ [Bauernhansl et al 2014: 16].

Hier können bei der Umstellung der Produktion Kosten gespart werden, da reine Softwareänderungen die Smart Machines andere Produkte produzieren lassen, ohne gleich den ganzen Maschinenpark zu erneuern, was ideal ist im Bereich der flexiblen Großserienproduzenten [vgl. Ittermann/Niehaus 2015: 46].

Eine weitere Folge dieser flexiblen Produktion ist die Konkurrenz um Marktanteile einer neuen Produktion individualisierter Produkte, welche durch diese möglich werden: Einmal online, können die Produkte nach individuellen Konsumwünschen gestaltet werden, die flexible Massenfertigung macht auch geringste Stückzahlen rentabel: Stichwort ist hier „Losgröße Eins“ [Schüler 2015] bzw. „Stückzahl eins“ [Bauernhansl et al 2014: 18]. Hier eröffnet die digitale Technik also ein neues Feld der Konkurrenz: die individualisierte Massenfertigung. So wird auch gleich wieder die Kapitalzirkulation erhöht, da die so individuell bestellten Produkte bereits bei ihrer Produktion verkauft sind. Besonders bei teuren Produkten wie Autos werden so enorme Kapitalsummen schneller in Bewegung gesetzt.

Beispiel 3: Die digitale Vernetzung über Betriebsgrenzen hinweg als Einsparung von Zirkulationskosten: Auch in der Sphäre der Zirkulation soll die digitale Vernetzung des Unternehmens mit Zulieferbetrieben und Konsumenten und die sich daraus ergebende Möglichkeit der Automatisierung von Bestellungen, Abrechnungen etc. Zeit und Kosten ersparen. In Echtzeit soll die Zirkulation mit der Produktion verknüpft werden, um so den ganzen Verwertungsprozess zu beschleunigen. Damit werden auch weitere Kosten der Lagerhaltung reduziert, also eine Einsparung auf Seiten des konstanten Kapitals. Damit wird der Prozess weiter umgesetzt, der bereits vor Jahrzehnten mit der Just-in-Time Produktion begonnen hat. Die Einsparung von Lagerkosten hängt dabei „von verschiednen Bedingungen ab, die alle im wesentlichen hinauskommen auf die größre Geschwindigkeit, Regelmäßigkeit und Sicherheit, womit die nötige Masse von Rohstoff stets so zugeführt werden kann, daß nie Unterbrechung entsteht“ [MEW24: 143].

Beispiel 4: Crowdwork auf digitalen Plattformen: Wie wichtig diese Plattformen in kürzester Zeit geworden sind, kann am Beispiel Amazon gezeigt werden: Der Amazon Web Service, der neben der Infrastruktur für Cloud-Computing auch eine Plattform für Crowdworking bereitstellt, erzielt dabei immer wieder höhere Profite als der Versandhandel bei Amazon. Diese Plattform, bekannt als Mechanical Turk, gilt dabei als Vorreiter, ist heute aber nur noch eine unter tausenden Plattformen, welche gegen eine Gebühr Firmen und Privatpersonen den Zugriff auf tausende Crowdworker für ihre Arbeiten anbieten: „In kürzester Zeit ist aus einem Randphänomen ein zentrales Moment moderner Wertschöpfungssysteme geworden" [Boes/Kämpf/Langes/Lühr 2015: 80]. Diese Plattformen ermöglichen es, bisher sozialversicherungspflichtige Stellen aufzulösen und die Arbeit abwickeln zu lassen über flexible Arbeitnehmer, die pro Stück bezahlt werden, genau dann, wenn die Arbeit benötigt wird.

### *2.2 Die Auswirkung auf die Arbeit*

Dass etwaige Arbeitslose durch die Digitalisierung von neuen Jobs in neuen Branchen aufgefangen würden, ist auch von aktuellen Studien bekannt. So vertritt z.B. Timo Daum in einer Studie der Rosa Luxemburg Stiftung die Ansicht, dass sowohl mit „aufgeblasenen Zahlen argumentiert" [Daum 2018: 29] wird und dass neue Arbeitsplätze entstehen werden [vgl. Daum 2018: 30]. Er kommt zum Fazit, dass Kampagnen zum Erhalt von Arbeitsplätzen in „traditionellen, extraktiven Industrien etwa durch die Trump-Administration oder in Deutschland durch die Gewerkschaften [...] unter diesem Aspekt als reine Lobbypolitik" [Daum 2018: 30] erscheinen. Hierzu ist zweierlei festzuhalten:

Einerseits ist es richtig, dass die Gesamtzahl, also die absolute Arbeitermasse trotzdem steigen kann:

> „Man begreift jedoch, trotz der vom Maschinenbetrieb faktisch verdrängten und virtuell ersetzten Arbeitermasse, wie mit seinem eignen Wachstum, ausgedrückt in vermehrter Anzahl von Fabriken derselben Art oder den erweiterten Dimensionen vorhandner Fabriken, die Fabrikarbeiter schließlich zahlreicher sein können als die von ihnen verdrängten [...]" [MEW23/473].

Dies steckt bereits im Begriff der „virtuell" ersetzten Arbeitermasse, womit gemeint ist, dass das Gesamtvolumen an Warenproduktion steigt und so Arbeiter nur in rein abstrakten Rechnung überflüssig gemacht werden, die man rückwärts anstellen kann: X Arbeiter wären vor der Einführung der neuen Technik notwendig gewesen, um diese Menge an Waren zu produzieren, obwohl real nie diese Anzahl an Produkten auf der alten Stufe der Produktivität erreicht worden ist.

Andererseits ist klar, dass diese absolut gesteigerte Arbeitermasse relativ, „d.h. im Verhältnis zum vorgeschoßnen Gesammtkapital“ [MEW23/473] sinkt. Werden nämlich mehr Arbeiter eingesetzt als zuvor, dann an den neuen Maschinen, die, wie bereits gezeigt wurde, nur angeschafft werden zu dem Zweck, Arbeit überflüssig zu machen – da diese aber auch virtuell sein kann, wird klar: „Relative Abnahme der beschäftigten Arbeiterzahl verträgt sich also mit ihrer absoluten Zunahme“ [MEW23/473] – und zwar dann, wenn die Produktion allgemein erhöht wird.

Es ist also gar keine Entscheidung zu treffen, welche der beiden Szenarien eintritt, sondern vielmehr eine Bedingung zu formulieren, unter welcher die These der steigenden Arbeitsplätze überhaupt nur eintreten kann: Mehr Arbeitsplätze können also durchaus auch im Zeitalter der Digitalisierung entstehen: aber nur dann, wenn mehr Waren produziert werden. Diese Bedingung hat selbst wieder Konsequenzen, die von Marx gefasst werden als die „Erobrung fremder Märkte“ [MEW23/475]: „Die ungeheure stoßweise Ausdehnbarkeit des Fabrikwesens und seine Abhängigkeit vom Weltmarkt erzeugen notwendige fieberhafte Produktion und darauf folgende Ueberfüllung der Märkte, mit deren Kontraktion Lähmung eintritt. Das Leben der Industrie verwandelt sich in eine Reihenfolgte von Perioden mittlerer Lebendigkeit, Prosperität, Ueberproduktion, Krise und Stagnation“ [MEW23/476].

Marx’ Nachweis, dass das Wachstum der Anzahl der Fabrikarbeiter „bedingt [ist] durch proportionell viel raschres Wachstum des in den Fabriken angelegten Gesammtkapitals“ [MEW23/477] und der Ausdehnung des Kapitals auf dem Weltmarkt, ist die unterschlagene Notwendigkeit, die in der Prognose enthalten sein muss, die besagt, dass die Anzahl der Arbeitsplätze in Deutschland konstant bleiben könne oder sogar wachse. Unterstellt ist damit also, dass deutsches Kapital die Konkurrenz um den Weltmarkt gewinnt. Marx selbst geht im Zusammenhang der Überflüssigmachung von Arbeitern durch Technik noch einmal explizit auf das Verhältnis von Arbeiter und Produktionsmittel ein: „Es ist unzweifelhafte Tatsache, daß die Maschinerie an sich nicht verantwortlich ist für die ‘Freisetzung’ der Arbeiter von Lebensmitteln. [...] Nach wie vor ihrer Einführung besitzt die Gesellschaft also gleich viel oder mehr Lebensmittel für die deplazierte Arbeiter [...] “ [MEW23/464f].

Hier sollte spätestens klar werden, warum der Versuch aus der Technik selbst direkte Folgen für die totale Anzahl von Arbeitsplätzen in einem Land ableiten zu wollen, scheitern muss. Innerhalb eines Weltmarktes mit globaler Konkurrenz der Nationen können die neuen Techniken gleichzeitig Konkurrenzvorteil sein, indem sie bestehende Arbeitsplätze subsumieren, und gleichzeitig können mehr Arbeitsplätze entstehen durch eine Ausweitung der Produktpalette und der Märkte. Dass dies auf Kosten von Arbeitsplätzen in anderen Nationen geht ist dabei immer unterstellt.

## 3. Die Rolle der Gewerkschaft – Die Arbeit als abhängige Variable

Das gemeinsame Anliegen von Betriebsrat und Gewerkschaft ist es, 'den Menschen' in den Mittelpunkt zu stellen. Mit diesem Programm wollen die Gewerkschaften zu Mitgestaltern der Industrie 4.0 werden. Dafür müssen sie die grundsätzlichen ökonomischen Bestimmungen der Hauptgestalter mittragen. Die DGB-Gewerkschaften unterscheiden die bereits vorgestellten zwei grundsätzlichen Szenarien, wie die neue Technik angewendet werden könnte, bedienen sich also des analytischen Ansatzpunktes der Industrie 4.0 als sozio-technisches System.

Auf der einen Seite also einer „technikzentrierte Entwicklung [...], die alles das macht, was technisch möglich ist, ohne die sozialen Folgen zu berücksichtigen" [Schröder/Urban 2016: 7]. Dem entgegengehalten wird das Modell humaner Entwicklung: „Aus gewerkschaftlicher Sicht käme es stattdessen darauf an, sich für eine arbeitszentrierte Entwicklung zu engagieren, auf mehr Nachhaltigkeit, die die Erwerbstätigen in den Mittelpunkt stellt" [Schröder/Urban 2016: 7f]. Jörg Hofmann spricht davon, dass das Internet der Dinge eine andere Arbeitsorganisation verlange und die konkreten arbeitspolitischen Gestaltungsansätze „humanorientierte Kriterien" [IG Metall 2014] erfüllen müssten.

Damit greift die Gewerkschaft auf die Unterscheidung u.a. von Hirsch-Kreinsen zurück: die Industrie 4.0 als sozio-ökonomisches System mit den Dimensionen Organisation, Technik, Mensch. Dabei stellen sich die DGB-Gewerkschaften auf die Seite 'des Menschen' statt auf die 'der Technik'. Hier findet, wie oben dargestellt, die Verwandlung eines ökonomischen in einen scheinbaren Widerspruch zwischen Menschen und Maschine statt.

Die Gewerkschaften verstehen sich damit als Teil der Gestaltung der neuen Techniken. Der Zweck, den das Kapital mit bestimmten Innovationen verfolgt, wird dabei zu einer möglichen Folge erklärt und das Projekt an sich unterstützt. Die Mitgestaltung der Gewerkschaft an der Industrie 4.0 wird dabei auch als ein Korrektiv verstanden, das dem eigentlichen, langfristigen Interesse des Kapitals zur Entfaltung hilft, das dann auch das Interesse der Belegschaft bedient. Sie will Korrektiv im Sinne der Interessen der Belegschaft sein gegen das, was sie als kurzfristige/kurzsichtige Interessen des Kapitals ansieht, so zum Beispiel bei den aktuellen Entlassungen bei Continental (Reuters 2020). Die gewerkschaftliche Korrektur im Interesse der Belegschaft sei 'langfristig' identisch mit dem 'eigentlichen Interesse' des Kapitals. So wird das Gewinninteresse des Kapitals, welches unvereinbar ist mit dem Lohninteresse der Beschäftigten, zu einem internen Widerspruch zwischen kurz- vs. langfristigem Interesse des Kapitals verklärt.

Die so angestrebte 'arbeitszentrierte Entwicklung' weiß allerdings um die Bedingung der Arbeit. Als variables Kapital muss sie für denjenigen profitabel sein, der den Arbeitsplatz einrichtet, bevor er zur Lohnquelle der anderen Seite werden kann. Ob dieser Lohn überhaupt, und wenn ja zu was für einem Leben reicht, ist nicht mehr Sorge seines Stifters, sondern der Gewerkschaft. So vertritt die Gewerkschaft das Interesse der Arbeitnehmer als variables Kapital in einer Rechnung, die ständig gegen die Arbeitnehmer ausschlägt. Eben auch dann, wenn neue Techniken eingesetzt werden. Weil die kapitalistische Rechnung aber gleichzeitig die Bedingung jedes Lohnes ist, soll ausgerechnet 'die Digitalisierung' auch im Sinne der Arbeitnehmer gestaltet werden können.

## *Literatur*

Acemoglu, D./Restrepo, P. 2016: The Race Between Machine and Man Implications of Technology for Growth, Factor Shares and Employment. Cambridge, MA, National Bureau of Economic Research. http://www.nber.org/papers/w22252 Aufgerufen am 06.10.2019

– 2017: Robots and Jobs: Evidence from US Labor Markets. Cambridge, MA National Bureau of Economic Research 2017. http://www.nber.org/papers/w23285 Aufgerufen am 06.10.2019

Bauernhansl, T./Hompel, M. t./Vogel-Heuser, B. 2014: Vorwort. In: T. Bauernhansl, M. t. Hompel/B. Vogel-Heuser, Industrie 4.0 in Produktion, |Automatisierung und Logistik. Anwendung Technologien Migration. Wiesbaden: V-VI

Becker, K.-D. 2015: Arbeit in der Industrie 4.0 – Erwartungen des Instituts für angewandte Arbeitswissenschaft e.V. In: A. Botthof, & E. A. Hartmann, Zukunft der Arbeit in Industrie 4.0 (S. 23-29 ). Berlin: 23-29

Boes, A./Kämpf, T./Langes, B./Lühr, T. 2015: Landnahme im Informationsraum. Neukonstituierung gesellschaftlicher Arbeit in der „digitalen Gesellschaft" In: https://www.boeckler.de/wsimit_2015_02_boes.pdf Aufgerufen am 05.10.2019

Böhm, M. 2016: Ausflüge in die digitale Arbeitswelt: Ein Blick in die Zukunft. In: L. Schröder, & H.-J. Urban, Gute Arbeit Ausgabe 2016: Digitale Arbeitswelt – Trends und Anforderungen. Sonderausgabe nur für Mitglieder von ver.di Vereinte Dienstleistungsgewerkschaft (S. 267-278). Frankfurt a.M.

Daum, T: 2018: Das Auto im digitalen Kapitalismus. Dieselskandal, Elektroantrieb, Autonomes fahren und die Zukunft der Mobilität. Rosa Luxemburg Stiftung

Decker, P. 2016: „Industrie 4.0" Ein großer Fortschritt in der „Vernetzung" und in der Konkurrenz um die Frage, wem er gehört. Gegenstandpunkt 2-16. Politische Vierteljahreszeitschrift, 23-54

Fraunhofer 2019: ELAB 2.0 – Wirkungen der Fahrzeugelektrifizierung auf die Beschäftigung am Standort Deutschland'

Grote, G. 2017: Gestaltungsansätze für das komplementäre Zusammenwirken von Mensch und Technik in Industrie 4.0. In: Hirsch-Kreinsen, H./Ittermann, P./Niehaus, J. (2017): Digitalisierung industrieller Arbeit. Die Vision Industrie 4.0 und ihre sozialen Herausforderungen. 2., aktualisierte und erweiterte Auflage. Baden-Baden

Hirsch-Kreinsen et. al. (Hrsg.) 2015: Digitalisierung industrieller Arbeit. Die Vision Industrie 4.0 und ihre sozialen Herausforderungen. Baden-Baden

– 2017: Digitalisierung industrieller Arbeit. Die Vision Industrie 4.0 und ihre sozialen Herausforderungen. Zweite Auflage. Baden-Baden

Hirsch-Kreinsen, H. 2015b: Entwicklungsperspektiven von Produktionsarbeit. In: Botthof, A./Hartmann, E. (Hrsg.): Zukunft der Arbeit in Industrie 4.0. Berlin: S. 89-98

IG Metall 2014: Wo bleibt der Mensch? In: https://www.igmetall.de/politik-und-gesellschaft/zukunft-der-arbeit/industrie-40/wo-bleibt-der-mensch Aufgerufen am 16.04.2019

Ittermann, P./Niehaus, J. 2015: Industrie 4.0 und Wandel von Industriearbeit. Überblick über Forschungsstand und Trendbestimmungen. In: H. Hirsch-Kreinsen, P. Ittermann, & J. Niehaus, Digitalisierung industrieller Arbeit. Die Vision Industrie 4.0 und ihre sozialen Herausforderungen (S. 33-51). Baden Baden

Kollmann, T./Schmidt, H. 2016: Deutschland 4.0. Wie die Digitale Transformation gelingt. Wiesbaden

Lorenz, P. 2017: Digitalisierung im deutschen Arbeitsmarkt. Eine Debattenübersicht. Sankt Augustin/Berlin: Konrad-Adenauer-Stiftung e.V.

MEW23: Das Kapital. Erster Band

MEW24: Das Kapital. Zweiter Band

MEW42: Grundrisse

Mokyr, J./Vickers, C./Zierbarth, N. 2015: The History of Technological Anxiety and the Future of Economic Growth: Is This Time Different? Journal of Economic Perspectives. 29, 31-50. http://pubs.aeaweb.org/doi/pdfplus/10.1257/jep.29.3.31

Rehfeld, N. 2015: Achtundzwanzig Kilometer in vierzehn Stunden. In: https://www.faz.net/aktuell/feuilleton/medien/amazon-versandzentrum-in-phoenix-als-attraktion-besuchen-13889735.html

Reuters 2020: Conti streicht mehr Stellen. In: https://www.sueddeutsche.de/wirtschaft/autoindustrie-conti-streicht-mehr-stellen-1.5032645

Schadt, Peter 2020a: Scheinsubjekt Digitalisierung. In: Junge Welt vom 11.06.2020: https://www.jungewelt.de/artikel/380022.kapital-und-digitalisierung-scheinsubjekt-digitalisierung.html

– 2020b: Kampfansagen. In: Junge Welt vom 04.08.2020: https://www.jungewelt.de/artikel/383578.kampfansagen.html

– 2020c: Die Digitalisierung der deutschen Autoindustrie. Kooperation und Konkurrenz in einer Schlüsselbranche. Köln

Schröder, L./Urban, H. 2016: Vorwort. In: L. Schröder, & H.-J. Urban, Gute Arbeit Ausgabe 2016: Digitale Arbeitswelt – Trends und Anforderungen. Sonderausgabe nur für Mitglieder von ver.di Vereinte Dienstleistungsgewerkschaft (S. 267-278). Frankfurt a.M.: 5-8

Schüler, H. 2015: Industrie 4.0: Mit autonomen Maschinen zur Losgröße 1. Von Heise.de: http://www.heise.de/newsticker/meldung/Industrie-4-0-Mit-autonomen-Maschinen-zur-Losgroesse-1-2608810.html abgerufen

Schwab, K. 2016: Die Vierte Industrielle Revolution. Berlin

Stich, V./Gudergan, G./Senderek, R. 2015: Arbeiten und Lernen in der digitalisierten Welt. In: Hirsch-Kreinsen, H./Ittermann, P./Niehaus, J. (2015): Digitalisierung industrieller Arbeit. Die Vision Industrie 4.0 und ihre sozialen Herausforderungen. In: Baden-Baden: 109-130

Windelband, L./Dworschak, B. 2017: Arbeit und Kompetenzen in der Industrie 4.0. Anwendungsszenarien Instandhaltung und Leichtbaurobotik. In: Hirsch-Kreinsen, H./Ittermann, P./Niehaus, J. (2017): Digitalisierung industrieller Arbeit. Die Vision Industrie 4.0 und ihre sozialen Herausforderungen. 2., aktualisierte und erweiterte Auflage. In: Baden-Baden: 63-80

*Peter Schadt, Hofenerstraße 134, 70374 Stuttgart*
*E-Mail: peter.schadt@gmx.net*

Christof Beckmann

# Labour-Process und Soziale Arbeit in Zeiten der Digitalisierung

## 1. Einleitung

In den letzten gut 10 Jahren wird auch die Soziale Arbeit zunehmend durch die Implementation von digitalen Programmen der Planung, Dokumentation und Steuerung gekennzeichnet. Die einzelnen Arbeitsfelder sind in sehr unterschiedlichem Umfang und unterschiedlicher Weise davon beeinflusst (siehe die Beiträge in Kutscher, u.a. 2020: 440ff.). Dabei waren es zu Anfang insbesondere Hilfs- und Planungsprozesse, die durch digitale Programme neu strukturiert wurden, immer mehr nähern sich diese Programme aber der Steuerung der Dienstleistungserbringung, also den Kernprozessen der sozialen Organisationen. In der diese Prozesse begleitenden Literatur wird oft davon ausgegangen, dass es sich dabei um (überfällige) Anpassungsprozesse der Sozialen Arbeit an allgemeine gesellschaftliche Trends handelt, die aber dazu beitragen können, die Dienstleistungserbringung transparenter und rationaler zu gestalten. Selten allerdings werden Digitalisierungsprozesse in den Kontext des Managerialismus und der Ökonomisierung des personenbezogenen sozialen Dienstleistungssektors im aktivierenden Staat gestellt. Schon 1997 hatte Michael Power festgestellt, dass die Tätigkeits- und Wirksamkeitsnachweise, wie sie im Zuge des „New Public Managements“ eingeführt wurden, die konkrete Arbeit in den Einrichtungen stärker verändern könnte, als dies zunächst offensichtlich ist: „The other extreme to consider is that the values and practices which make auditing possible penetrate deep into the core of organizational operations, not just in terms of requiring energy and ressources to conform to new reporting demands but in the creation over time of new mentalities, new incentives and perception of significance“ (Power 1997: 97). Diesem Hinweis soll im Folgenden nachgegangen werden. Untersucht werden soll, inwiefern die Digitalisierung der Sozialen Arbeit zu einer Deprofessionalisierung der Fachkräfte führen kann und inwiefern sich dadurch das bisher leitende reflexive Professionalisierungskonzept aufzulösen droht. Dazu wird zunächst auf die Dequalifikationsthese Harry Bravermans' rekurriert, die im englischsprachigen Raum im Zusammenhang mit der Sozialen Arbeit relativ breit diskutiert wurde, in Deutschland aber bislang wenig Nachhall gefunden hat (Kap. 2). Anschließend wird auf die Differenzen zwischen personenbezogenen sozialen Dienstleistungen und der Industriearbeit, anhand derer Braverman seine Thesen entwickelt hat, eingegangen (Kap. 3). Inwiefern sich die Soziale Arbeit im Zuge ihrer Digitalisierung dem „braverman'schen" Modell der dequalifizierten Industriearbeit annähert und welche Auswirkungen das auf die Profession Sozialer Arbeit insgesamt hat, wird nachfolgend thematisiert (Kap. 4.). Der Artikel schließt mit einem Ausblick auf noch zu leistende Forschungen, aber auch auf die Handlungsmöglichkeiten der Fachkräfte in diesen Verhältnissen.

## 2. Dequalifikation der Arbeitskräfte durch Taylorisierung der Arbeitsprozesse

Als Harry Braverman 1974 seine materialreiche Studie zur „Arbeit im modernen Produktionsprozess" veröffentlichte, wollte er damit vor allem eine Lücke in der marxistischen Theorie seiner Zeit schließen: Zwar hatte Marx die grundlegende Funktionsweise des Kapitalismus eingehend beschrieben, die Umgestaltung der Arbeitsprozesse selbst interessierten ihn vor allem dahingehend, Moment des Verwertungsprozesses des Kapitals zu sein. Die konkreten Veränderungen der Arbeitsprozesse um sie genau für dieses Kapitalinteresse zuzurichten, ist dagegen Thema bei Braverman. Er behandelt damit das Problem der „Inwertsetzung": Die von ihren Produktionsmitteln getrennten, doppelt freien Lohnarbeitenden sind auf eine Anwendung ihrer Arbeitskraft durch das Kapital angewiesen, es findet also eine formelle Subsumtion der Arbeitskraft unter das Kapital statt. Soll aber eine „reelle Subsumtion" stattfinden, so muss der Arbeitsprozess beständig organisiert, kontrolliert und überwacht werden. Der Produktionsprozess wird dann „entworfen und reguliert nach den Prinzipien der Kapitalinteressen, ein durch und durch fremdgesteuerter, nach Möglichkeit maschinisierter (automatisierter) Ablauf, in dem zunehmend mehr die 'Poren' der Arbeiter-Einflussnahme auf den Arbeitsprozess geschlossen werden" (Neuberger 1995: 231f. mit Bezug auf Marx 1969: 432ff.). Braverman zufolge lässt sich diese reelle Subsumtion historisch in drei Schritten beobachten:

> „Wenn also das erste Prinzip das Zusammentragen und Ausarbeiten von Kenntnissen über den Arbeitsprozess ist und das zweite die Zusammenfassung dieses Wissens im ausschließlichen Handlungsbereich des Managements – einschließlich seines unerlässlichen Gegenstücks, des Fehlens derartiger Kenntnisse bei den

> Arbeitern –, so ist das dritte die Verwendung dieses Wissensmonopols dazu da, jeden Schritt des Arbeitsprozesses und seine Ausführungsweise zu kontrollieren" (Braverman 1974: 98).

Braverman beschreibt also den Prozess der Enteignung von Wissen auf Seiten der Arbeitenden, die Enteignung und damit Dequalifikation der Arbeitskräfte, die zunehmende Trennung von ausführenden und planenden Tätigkeiten und die Reorganisation der Arbeitsprozesse durch das Management der Unternehmen nach den Methoden der „wissenschaftlichen Betriebsführung", was eine Zergliederung der Tätigkeiten in kleinste, mess-, beschreib- und kontrollierbare Einheiten nach sich zieht. Auf der Seite der Arbeitenden führt dies wiederum zu massiven Einschränkungen des Handlungs- und Ermessensspielraums und schließlich zur extremen Verarmung der Subjektivität des Arbeiters, so dass es letztlich zur allgemeinen „Degradierung der Arbeit zu einfachen und stumpfsinnigen Aufgaben" (Braverman 1974: 338) kommt. Diese „Degradierung" wird dabei zu Anfang von den Arbeitenden auch subjektiv erlebt, später kommt es zu einer „Gewöhnung" an die neuen Arbeitsbedingungen (ebd.: 110ff.). Braverman zeigt gerade auch unter Bezug auf das Zusammenspiel zwischen Kapitalinteressen und Aktivisten des wissenschaftlichen Managements, insb. Charles F. Taylor, was Marx in den düstereren Passagen des Kapitals bereits angedacht hat:

> „[I]nnerhalb des kapitalistischen Systems vollziehn sich alle Methoden zur Steigerung der gesellschaftlichen Produktivkraft der Arbeit auf Kosten des individuellen Arbeiters; alle Mittel zur Entwicklung der Produktion schlagen um in Beherrschungs- und Exploitationsmittel des Produzenten, verstümmeln den Arbeiter in einen Teilmenschen, entwürdigen ihn zum Anhängsel der Maschine, vernichten mit der Qual seiner Arbeit ihren Inhalt, entfremden ihm die geistigen Potenzen des Arbeitsprozesses im selben Maße, worin letzterem die Wissenschaft als selbständige Potenz einverleibt wird" (Marx 1969: 673).

Die Ausführungen Bravermans haben in der Folge zu einer Debatte bzgl. der Geltungsreichweite seiner Analysen geführt. Strittig war dabei nicht das Grundproblem und die Grundthese – die Inwertsetzung der Arbeitskraft durch die seitens des Managements durchgesetzte reelle Subsumtion der Arbeit unter das Kapital –, sondern insb. die von Braverman postulierte Notwendigkeit der Dequalifikation des großen Teils der Arbeitskräfte durch diesen Prozess (vgl. Burrell 1990; Röttger 2016). Unabhängig davon, ob dies nur auf eine bestimmte Gruppe von Arbeitenden in einer bestimmten historischen Periode oder in allen Bereichen der Produktion zutrifft, wird dies auch heute in Bezug zur „Industrie 4.0" als ein mögliches, und tw. auch bereits reales Szenario für die Produktionsarbeit angesehen (vgl. den Beitrag von Peter Schadt in diesem Band).

## 3. Soziale Arbeit als Dienstleistung

Die Ausführungen Bravermans sind in der Sozialen Arbeit insbesondere in den 1980er und 90er Jahren in der britischen „radical social work"-Bewegung aufgegriffen worden. Aktivist_innen und Autor_innen sahen in den sozialpolitischen Entwicklungen und ihren Auswirkungen in Großbritannien eine zunehmende Ähnlichkeit zwischen den Arbeitsbedingungen der Industriearbeiterschaft und denen der Sozialarbeitenden. Dabei übersahen sie allerdings die Ermessensspielräume, die sich den „street-level-bureaucrats" auf der Handlungsebene in der Ausdeutung der formalen Regeln ergeben (vgl. Harris 1998; für die Bundesrepublik: vgl. Otto 1991). Generell wird davon ausgegangen, dass professionelle Handlungsvollzüge eine eigene Form der Arbeitsorganisation und der Arbeitsteilung herausbilden (vgl. Freidson 2001). Insbesondere die hohe Abhängigkeit professioneller Handlungssysteme von face-to-face-Interaktionen „schützen" – so die Annahme – die professionellen Praktiker_innen vor einer vollständigen Formalisierung:

> „Hier liegt aber vielleicht auch eine Art von letzter Garantie für die Unabhängigkeit des professionellen Arbeitszusammenhangs gegenüber bürokratischen Überwachungen. Die Turbulenzen der Interaktion schirmen den Praktiker der Profession immer auch gegenüber irgendwelchen Zentralperspektiven ab, die professionelle Arbeit von außen her zu beaufsichtigen oder zu steuern trachten. Es gibt einen harten Kern der professionellen Arbeit, der aus weichen Interaktionen besteht, und dieser Kern ist durch keine noch so starke Abstraktion oder Strukturbildung mehr zum Verschwinden zu bringen" (Kieserling 1998: 66).

Im Hinblick auf die sozialstaatlichen Erbringungs*kontexte* Sozialer Arbeit als eine personenbezogene, soziale Dienstleistung ist sie aus strukturfunktionalistischer Sicht zuständig für die Bewachung und Wiederherstellung gesellschaftlicher Normalstrukturen (vgl. allgemein: Berger/Offe 1980; für die Soziale Arbeit: Olk 1986: 6f.). Aufgrund der „Ungewissheit des Aufgabenanfalls" (ebd.: 9), es ist also nicht vorab planbar, wann und wo welche Bedarfe nach dieser Leistung anfallen, und weil Dienstleitungen generell uno-actu erbracht werden, sie also nicht lagerfähig sind, müssen seitens des Sozialstaates in gewissen Maßen personalintensive und kaum rationalisierbare Überkapazitäten vorgehalten werden (vgl. dazu ausführlich: Olk 1986: 10f., ebd.: 104ff.; Olk/Otto/Backhaus-Maul 2003). Mittel und z.T. auch Ziele personenbezogener sozialer Dienstleistungen unterliegen im konkreten Erbringungsprozess („Erbringungsverhältnis") der situativen Spezifikation durch Nutzer_innen und Fachkraft (Olk 1986: 8; Schaarschuch 1996). Die Fachkraft muss dazu entsprechende Verstehens-, Interpretations- und Verständigungsleistungen erbringen. Entsprechende Fähigkeiten sind an die Subjektivität der Fachkräfte geknüpft, die sich einen professionellen Habitus angeeignet haben und die für die situative Anwendung dieser Fähigkeiten einen Handlungs- und Ermessensspielraum benötigen, um adäquat Selbstbildungsprozesse von Nutzer_innen zu unterstützen. Standardisierungen im Hinblick auf den Prozess der Dienstleistungserbringung laufen also einem solchen professionellen Handlungsmodus entgegen (vgl. auch Olk 1986: 110ff.). Die Charakteristika Sozialer Arbeit als personenbezogene, soziale Dienstleistungsarbeit und die damit verbundenen Schwierigkeiten, die Dienstleitungserbringung zu rationalisieren und zu standardisieren, sind Auftakt für vor- und nachgelagerte Steuerungsversuche insb. politischer Instanzen, aber auch seitens der strategischen Spitze der leistungserbringenden Organisationen. Letztere müssen sich im Zuge der Ökonomisierung der Sozialen Arbeit und der Konkurrenz der Einrichtungen und Verbände auf den Sozialmärkten mit den neuen Anforderungen des „aktivierenden Staates" auseinandersetzen (siehe dazu zusammenfassend: Galuske 2008; Wolff 2011). „Stellschrauben" einer Rationalisierung im Hinblick auf die *Quantität* der vorgehaltenen Dienstleistungskapazitäten („quantitatives Dienstleistungsvolumen") sind nach Olk (1986: 105) „der Aufwand, der auf sozialarbeiterische Dienstleistungsarbeit verwendeten Arbeitszeit".[1] Im Hinblick auf die *Dienstleistungsqualität* – also den Handlungs- und Möglichkeitsspielraum der Sozialarbeitenden, um situativ adäquat handlungsfähig zu bleiben („qualitatives Dienstleistungsvolumen"; vgl. ebd.: 105f) – sind Steuerungsimpulse auf die jeweils vorgehaltenen „professionellen Handlungskompetenzen", auf die „Standards kompetenter Arbeit" und auf die „organisationellen Strategien der Entscheidungskontrolle" denkbar (ebd.: 106) und im Zuge der Neujustierung des Subsidiaritätsprinzips seit den 2000er Jahren (vgl. Möhring-Hesse 2011; Beckmann 2019) auch vermehrt Realität.

Bereits in frühen Studien, die im Zuge der Ökonomisierungsprozesse in der Sozialen Arbeit durchgeführt worden sind, wurde klar, dass an der „Stellschraube"

---

1 Die Studien zu diesem Aspekt zeigen insgesamt ein weiteres, aber nicht mehr so intensives Wachstum des Sektors der personenbezogenen sozialen Dienstleistungen wie in den Zeiten des „sozialpädagogischen Jahrhunderts". Im Hinblick auf die Vollzeitäquivalentstellen zeigen Studien, die diesen Maßstab ansetzen allerdings ein differenzierteres Bild der Entwicklung auf dem Arbeitsmarkt (vgl. Chassé 2013). Gleichzeitig ist die zunehmende Verdichtung der Arbeit ein immer wieder festgestelltes, charakteristisches Merkmal für die Soziale Arbeit (vgl. ebd., Henn/Lochner/Meiner-Teuschner 2017). Im Hinblick auf die quantitative Seite der Dienstleistungserbringung ist in jüngerer Zeit darauf hingewiesen worden, dass die Digitalisierung auch dazu führen kann, dass sie lager- und transportfähig wird und das uno-actu-Prinzip zumindest auf Seite der anbietenden Ko-Produzenten der Leistung entfällt (Seelmeyer/Waag 2020: 183f.). Auf jene quantitative Seite soll hier im Weiteren aber nicht weiter eingegangen werden.

der organisational vorgehaltenen und eingebrachten Kompetenzen der Fachkräfte schon früh erfolgreich „gedreht“ worden ist: „Konträr zu der konstatierten zunehmenden Professionalisierung, lassen sich in einigen Feldern Sozialer Arbeit Tendenzen zu einer Aufspaltung der Tätigkeiten in „einfache“ und „höherwertige“ Tätigkeiten erkennen“ (Dahme/Wohlfahrt 2003: 49; vgl. auch Eichinger 2009: 209; für UK: Harris 2005)[2] – wie dies u.a. auch von Braverman für die industrielle Arbeit konstatiert wurde. Für die Soziale Arbeit wurde eine Deprofessionalisierung und Spaltung der Profession befürchtet (vgl. Schaarschuch 2000; Wolf 2011: 96f.). Im Hinblick auf die beiden anderen Aspekte der Dienstleistungsqualität fielen die Ergebnisse ambivalenter aus: So wurde einerseits angemerkt, dass die „Einführung betriebswirtschaftlich orientierter Steuerungsinstrumente gegenwärtig noch nicht so weit fortgeschritten ist, dass damit eine tatsächliche inhaltliche Steuerung der Berufsvollzüge möglich wäre“ (Dahme/Wohlfahrt 2003: 47). Andere Studien sehen aber Anzeichen einer Einflussnahme durch managerielle Steuerungen bis in das Erbringungsverhältnis hinein (vgl. Messmer 2007: 156f.; Eichinger 2009: 209f.; Fischbach 2011: 212ff.). Es bleibt dann oft den Fachkräften überlassen, wie sie die entsprechenden, teils widersprüchlichen, fachlichen, bürokratischen und ökonomischen Anforderungen ausbalancieren (vgl. Langer 2007; Fischbach 2011: 210f.; Wulf-Schnabel 2011; Henn/Lochner/Meiner-Teuschner 2017).

## 4. Labour-Process und Soziale Arbeit unter den Bedingungen ihrer Digitalisierung

Es lässt sich also feststellen, dass sich die These einer durchgängigen und bruchlosen „technischen Proletarisierung“ (Derber 1983; für die Soziale Arbeit: White 2000), d.h. dem Verlust der Hoheit der Profession über die als legitim und effektiv anerkannten Verfahrensweisen der Leistungserbringung im Hinblick auf die Entwicklungen bis in die 2010er Jahre hinein so nicht bestätigt hat. Diese Studien zeigen die Einflussnahmeversuche durch den aktivierenden Staat und das Management der Einrichtungen und Verbände. Das Bild einer gespalteten Profession in der dequalifizierte Fachkräfte taylorisierte Teilarbeiten durchführen

2 Bei diesem Punkt ist zu differenzieren zwischen 1.) dem potentiellen Vorhandensein entsprechender Kompetenzen auf Seiten der Fachkräfte, die aber innerhalb der Organisation nicht realisiert werden können, „weil entsprechende Programmentscheidungen und Arbeitskontrollen deren Einsatz verhindern“ (Olk 1986:106), und 2.), der Stratifizierung der auf der jeweiligen Hierarchieebene der Organisation zum Einsatz kommenden Ausbildungsabschlüsse seitens der Fachkräfte, resp. des vermehrten Einsatzes von ehrenamtlichen Mitarbeitenden auf der operativen Ebene.

und damit auch ihrer Ermessensspielräume und ihrer mikropolitischen Einflussmöglichkeiten verlustig gehen, zeichnen sie nicht, wiewohl es an entsprechenden Versuchen nicht gemangelt hat.[3]

Im Zuge der vermehrten Einführung digitaler Programme der Planung, Dokumentation und Steuerung der professionellen Handlungsvollzüge ist es aber nötig, sich erneut die Frage vorzulegen, inwieweit dadurch Kernprozesse Sozialer Arbeit durch entsprechende managerielle Vorgaben kolonialisiert werden.[4]

### *4.1 Gefahr der Deprofessionalisierung und mögliche Folgen auf die Dienstleistungserbringung*

Im Hinblick auf die Frage, inwieweit die Organisationen einen professionellen Handlungsmodus der Fachkräfte befördern und unterstützen, besteht durch digitale Programme die Gefahr einer weitergehenden Trennung von ausführenden und planenden Tätigkeiten (vgl. Becka/Evans/Hilbert 2017: 32), wobei Planung und Kontrolle der Ausführung zunehmend in die digitalen Programme inkorporiert werden. Dies würde im Endeffekt bedeuten, dass die Einheit der Profession aufgelöst ist und die Fachkräfte ihrer professionellen Handlungskompetenzen enteignet werden (s.o. Braverman) und in einem zweiten Schritt handlungsleitendes Wissen an der Profession vorbei produziert und in Form von Computerprogrammen implementiert wird. Zentrale Voraussetzung ist dafür allerdings, dass zunehmend alle Schritte der Dienstleistungserbringung standardisiert werden, von der Zuweisung von „Fällen", der Anamnese und Diagnostik, der Fallplanung, der fallbegleitenden Dokumentation und Wirksamkeitskontrolle:

> „Bei der Frage, was wie in Software umgesetzt wird, ist Technik also nie neutral: um ihre „Stärken" ausspielen zu können, müssen Prozesse in standardisierter Form und Informationen in kategorisierter und damit quantifizierbarer Form vorliegen. Die so formalisierte Arbeit wird berechenbar und kontrollierbar, mit all den Vorteilen, die dies für Organisationen bringen kann. Die Standardisierung kann jedoch auch individuelle

---

3 Zu nennen ist hier bspw. auch der Versuch der Einführung evidenzbasierter Praktiken in die Soziale Arbeit (vgl. dazu: Ziegler 2012; Otto/Polutta/Ziegler 2010).

4 Dies u.a. auch, weil auf Seiten eines Teils der Fachkräfte ein Interesse an Instrumenten besteht, die Planbarkeit und Transparenz versprechen: „Dennoch ist unübersehbar, dass bei aller Skepsis und Ablehnung instrumentell-technischer Methodenlehren und standardisierter Checklisten die sozialpädagogischen Fachkräfte gerade wegen der Diffusität und strukturellen Widersprüchlichkeit des sozialpädagogischen Handelns immer wieder ein starkes Interesse an wie auch immer gearteten Handlungsmethoden und Verfahrensvorschlägen artikuliert" (Olk/Speck 2008: 88; vgl. Henn/Lochner/Meiner-Teubner 2017: 36).

> Entscheidungsspielräume unangemessen einschränken und damit kreatives, flexibles und innovatives Handeln erschweren oder gar verhindern" (Seelmeyer/Ley 2014: 54; vgl. auch: Seelmeyer/Waag 2020: 186f.; Schneider/Seelmeyer 2018; Stein 2017).

Solche Programme haben das Potential, den Fachkräften die Kontrolle über die zentrale organisationale Ungewissheitsquelle zu nehmen, was bedeutet, dass ihnen die wesentliche Quelle ihrer mikropolitischen Macht verloren geht.[5] „Fachlich-reflexive Ziel- und Handlungskonzeptionen", „Professionelle Arbeitsautonomie" und die „Mitbestimmung der Fachkräfte in der Organisation" (Allbus u.a. 2010: 159) sind dagegen vor dem Hintergrund eines reflexiven Professionalisierungsmodells als notwendig für den Aufbau eines gelingenden Arbeitsbündnisses zu den Nutzer_innen der Dienstleistung nachgewiesen worden.

### *4.2 Kolonialisierung der Profession*

Während die zuvor skizzierten Gefahren von einer (mehr oder weniger) professionalisierten Praxis ausgehen, die sukzessive deprofessionalisiert wird – mit allen geschilderten Konsequenzen – sind die Prozesse der Kolonialisierung der professionellen Handlungslogik zwar zeitlich noch weiter in der (möglichen) Zukunft zu verorten, dafür aber in ihren Auswirkungen umso gravierender. Denn, „[p]otenziell greifen diese Formalisierung und damit verbundene Standardisierungen und Objektivierungen von Wirklichkeit sowohl in Arbeitsabläufe ein als auch in professionelle Wissensformen, Verarbeitungs- und Wahrnehmungsmuster des/der Professionellen." (Campayo 2020: 294; vgl. auch Ley/Seelmeyer 2018). Insbesondere das in der Dienstleistungserbringung wirkmächtig werdende Bild der Nutzenden, welches Assessment-Systeme und digitale Dokumentationen zeichnen, ist hier zu nennen: „So wäre zum Beispiel auch im Zusammenhang mit softwaregestützter Dokumentation und Falleinschätzung eine systematische Auseinandersetzung in den Einrichtungen dazu notwendig, inwiefern die Software möglicherweise gleichzeitig den Fall mit formt – je nachdem, welche Kriterien abgefragt werden und wie sie innerhalb der Technik abgebildet werden (können)." (Bundesjugendkuratorium 2016: 26; vgl. auch Ackermann/Gillingham in diesem Heft; Barfoed 2018; Hall u.a. 2010). Und auch im Hinblick auf die fallbegleitende, digitale Dokumentation wird befürchtet, dass diese die notwendige Vagheit einer (analogen) Dokumenta-

5 Vergleiche dazu grundlegend: Crozier/Friedberg 1979. In der empirischen Forschung zur Sozialen Arbeit finden sich eine Reihe von mikropolitischen Studien. Studien aber, die dezidiert auf die Auswirkungen der Digitalisierung auf den Handlungsspielraum und die mikropolitische Macht der Fachkräfte abzielen, existieren bislang noch nicht.

tion durch die IT-Programme in eine dem Arbeitsbündnis unangemessene und daher tendenziell deprofessionalisierende Exaktheit überführen. Werden aus der Dokumentation Annahmen über die Wirksamkeit der Hilfen abgeleitet, kann dies auch zu (finanziellen) Steuerungen der Einrichtungen benutzt werden. Die Dokumentationen verlieren dann potentiell ihre Funktion als Selbstvergewisserung der Praxis und Basis für kollegialen Austausch (vgl. Seelmeyer/Ley 2014) und werden zu einem Mittel der Konkurrenz auf dem Sozialmarkt. Fachkräfte würden dann auf Basis eines scheinbar objektiven Bildes ihrer Nutzenden arbeiten, welches aber an deren Lebenswelt vorbeigeht und zu einer Kolonialisierung ebendieser beitragen kann (vgl. Müller/Otto 1986). Erkenntnisse der Nutzerforschung, resp. der kritischen Alltagsforschung zeigen, dass eine geforderte (Selbst-)Präsentation von Nutzenden als für die Institution „passender Fall" (vgl. Cremer-Schäfer 2008: 166ff.) für den Aufbau eines tragfähigen Arbeitsbündnisses wenig zuträglich ist. Entsprechend fühlen sich Nutzende dann „zur Nummer gemacht" (Ackermann/Robin 2018: 46ff.), wenn die Dienstleistungserbringung an den sich ihnen stellenden Aufgaben der Lebensbewältigung vorbeigeht.[6]

## 5. Ausblick

In den vorangegangenen Kapiteln wurde versucht, auf mögliche Entwicklungen in den Arbeitsfeldern der Sozialen Arbeit durch die Einführung digitaler Programme der Planung, Dokumentation und Steuerung der Handlungsvollzüge aufmerksam zu machen. Vieles davon beansprucht nur theoretische Plausibilität, die empirische Forschung hat hier großen Nachholbedarf (vgl. Campayo 2020: 297f). Zusammengenommen würden diese Entwicklungen aber dazu führen, dass sich Soziale Arbeit von einem reflexiven Professionsmodell verabschiedet und sich die Fachkräfte stärker an der Organisation und ihren Vorgaben als an der Profession orientieren („organisationale Professionalität": Evetts 2005; für die Soziale Arbeit: Clarke 2004: 121f.). Im Rückgriff auf das Zitat von Karl Marx im 2. Kapitel kann aber gesagt werden, dass es die „Produktionsverhältnisse" sind, welche die Produktivkraftsteigerung gegen ihre Produzenten wendet. Auch im Hinblick auf die Digitalisierung Sozialer Arbeit sind Anwendungsmöglichkeiten denkbar, die zu einer ermächtigenden, und damit nicht-deprofessionalisierenden, Formalisierung der Arbeitsvollzüge führen (vgl. dazu: Beckmann u.a. 2007). Im

6 Die, eine Aneignung der Dienstleistung erschwerende, Rückwirkung, starrer organisationaler Erbringungskontexte auf das Erbringungsverhältnis wird ausführlich beschrieben in: Oelerich u.a. 2019, 33ff.

Sinne einer funktionalen Analyse wurde oben die Möglichkeit der „Kolonialisierung“ professioneller Handlungsvollzüge durch digitale Systeme beschrieben, was durch die Kontrolle der organisationalen Ungewissheitszonen zu einer Einschränkung der mikropolitischen Macht der Fachkräfte führen kann. Auf Ebene der Akteure in den Organisationen wäre allerdings zu untersuchen, inwieweit die Auseinandersetzung mit diesen Systemen seitens der Fachkräfte der Sozialen Arbeit notwendigerweise zu einer solchen Einschränkung führt. Eigensinnige Nutzungsweisen, die die beabsichtigte Standardisierung und Kontrolle der Tätigkeiten unterlaufen könnten (vgl. dazu Gillingham 2009; Ackermann & Gillingham in diesem Heft; Eßer 2020: 25f.), sind nicht auszuschließen, solange in der jeweiligen Organisationskultur noch Residuen eines „professional commitment“ bestehen, die über die Bindung an die jeweilige Organisation hinausgehen (vgl. Beckmann/Maar/Schrödter 2010; Fischbach 2011: 209ff.).

### *Literatur*

Ackermann, T./Robin, P. 2018: Die Perspektive von Kindern und Eltern in der Kinder- und Jugendhilfe. Zwischen Entmutigung und Wieder-Erstarken. Bericht über die Ergebnisse der Beteiligungswerkstatt für die Hamburger Enquete-Kommission „Kinderschutz und Kinderrechte weiter stärken“. Online unter: http://nbn-resolving.de/urn: nbn: de: 0111-pedocs-174525

Allbus:/Greschke, H./Klingler, B./Messmer, H./Micheel, H.-G./Otto, H.-U./Polutta, A. 2010: Wirkungsorientierte Jugendhilfe. Abschlussbericht der Evaluation des Bundesmodellprogramms „Qualifizierung der Hilfen zur Erziehung durch wirkungsorientierte Ausgestaltung der Leistungs-, Entgelt- und Qualitätsvereinbarungen nach §§ 78a ff. SGB VIII“. Münster

Barfoed, E. 2019: Digital Clients: An Example of People Production in Social Work. In: Social Inclusion, Jg. 7, Heft 1: 196-206

Becka, D./Evans, M./Hilbert, J. 2017: Digitalisierung in der sozialen Dienstleistungsarbeit. Stand, Perspektiven, Herausforderungen, Gestaltungsansätze. Düsseldorf

Beckmann, C./Otto, H.-U./Schaarschuch, A./Schrödter, M. 2007: Qualitätsmanagement und Professionalisierung in der Sozialen Arbeit. Ergebnisse einer Studie zu organisationalen Bedingungen ermächtigender Formalisierung. In: Zeitschrift für Sozialreform/53. Stuttgart. Online unter: http://www.z-sozialreform.de/downloads/2007-03_Beckmann_etAl_Volltext.pdf

Beckmann, C./Maar, K./Schrödter, M. 2010: Vom Professional Commitment zur Corporate Identity ? Methodische Grundlegung und Ergebnisse eines empirischen Projekts aus der Sozialpädagogischen Familienhilfe. In: Otto, H.-U./Oehlerich, G. (Hg.): Empirische Forschung und Soziale Arbeit. Wiesbaden: 77-95

Beckmann, C. 2019: Zur Neujustierung des Subsidiaritätsprinzips im aktivierenden Staat. Vortragsmanuskript. Online unter: https://www.diakonie-hamburg.de/export/sites/

default/.content/downloads/Fachbereiche/ME/Vortrag-Prof.-Dr.-C.-Beckmann_-Zur-Neujustierung-des-Subsidiaritaetsprinzips-im-aktivierenden-Staat.pdf

Berger, J./Offe, C. 1980: Die Entwicklungsdynamik des Dienstleistungssektors. In: Leviathan 8: 41-75

Bundesjugendkuratorium 2016: Digitale Medien. Ambivalente Entwicklungen und neue Herausforderungen in der Kinder- und Jugendhilfe. Online unter: https://www.bundesjugendkuratorium.de/assets/pdf/press/Stellungnahme_DigitaleMedien.pdf

Burrell, G. 1990: Fragmented Labours. In: Knights, D./Willmott, H. (Hg.): Labour Process Theory. London: 274-296

Braverman, H. 1974: Die Arbeit im modernen Produktionsprozess. Frankfurt a.M., New York

Campayo S. 2020: Professionelles Handeln mit Blick auf Professionalisierung. In: Kutscher, N./Ley, T./Seelmeyer, U./Siller, F./Tillmann, A./Zorn, I. (Hg.): Handbuch Soziale Arbeit und Digitalisierung. Weinheim und Basel: 290-301

Clarke, J. 2004: Changing Welfare, Changing States. New directions in Social Policy. London

Chassé, K.-A. 2013: Deregulierte Soziale Arbeit? In: Widersprüche 33/2: 11-33

Cremer-Schäfer, H. 2008: Situationen sozialer Ausschließung und ihre Bewältigung durch die Subjekte. In R. Anhorn, F. Bettinger & J. Stehr, J. (Hg.). Sozialer Ausschuss und Soziale Arbeit (S. 161–180). Wiesbaden: 161-178

Crozier, M./Friedberg, E. 1979: Macht und Organisation: die Zwänge kollektiven Handelns. Königsstein

Dahme, H.-J./Wohlfahrt, N. 2003: Soziale Dienste auf dem Weg in die Sozialwirtschaft. Auswirkungen der „Neuen Steuerung" auf die freien Träger und Konsequenzen für die Soziale Arbeit. In: Widersprüche Jg. 23/4: 41-56

Derber, C. 1983: Managing Professionals: Ideological Proletarization and Post-Industrial Labor. In: Theory and Society. Jg.12: 309-341

Eßer, F. 2020: Wissenschaft- und Technikforschung: Erklärungspotenziale für die Digitalisierung der Sozialen Arbeit.. In: Kutscher, N./Ley, T./Seelmeyer, U./Siller, F./Tillmann, A./Zorn, I. (Hg.): Handbuch Soziale Arbeit und Digitalisierung. Weinheim und Basel: 18-29

Evetts, J. 2005: The Management of Professionalism: a contemporary paradox. Online unter: http://www.kcl.ac.uk/content/1/c6/01/41/71/paper-evetts.pdf

Fischbach: 2011: Auf dem Weg zur Professionalisierung? Die „Verbetriebswirtschaftlichung" Sozialer Arbeit am Beispiel einer Behinderteneinrichtung. München

Freidson, E. 2001: Professionalism. The third logic. Cambridge

Galuske, M. 2008: Fürsorgliche Aktivierung – Anmerkungen zu Gegenwart und Zukunft Sozialer Arbeit im aktivierenden Staat. In: Bütow, Birgit; Chassé, August Karl; Hirt, Rainer (Hrsg.): Soziale Arbeit nach dem Sozialpädagogischen Jahrhundert – Positionsbestimmung der Sozialen Arbeit im Post-Wohlfahrtsstaat. Opladen: 9-28

Gillingham, P. 2009: The use of assessment tools in child protection: an ethnomethodological study. Online unter: http://repository.unimelb.edu.au/10187/4337

Hall, C./Nigel, P/Peckover:/White: 2010: Child-Centric Information and Communication Technology (ICT) and the Fragmentation of Child Welfare Practice in England. In: Journal of Social Policy Jg. 39: 393-413

Harris, J. 1998: Managing State Social Work. Front-line management and the labour process perspective. Aldershot

– 2005: Globalisation, neo-liberal managerialism and UK social work. In: Ferguson, M./Whitmore, E. (Hg.): Globalisation, Global Justice and Social Work. London, New York: 81-93.

Henn/Lochner, B./Meiner-Teubner, C. 2017: Arbeitsbedingungen als Ausdruck gesellschaftlicher Anerkennung Sozialer Arbeit. Frankfurt a.M.

Kieserling, A. 1998: Zur Lage der Profession zwischen Interaktion, Organisation und Gesellschaft. In: Brosziewski, A./Maeder, C. (Hg.): Organisation und Profession. Dokumentation des 2. Workshops des Arbeitskreises „Professionelles Handeln". Rorschach und St.Gallen: 63-72

Ley, T./Seelmeyer, U. 2018: Der Wert der Sozialen Arbeit in der digitalen Gesellschaft. Zur Notwendigkeit der fachlichen Aneignung der „digitalen Transformation". In: Sozial Extra 4/2018: 23-25

Marx, Karl 1969 [1867]: Das Kapital. Erster Band. MEW Bd. 23. Berlin

Möhring-Hesse, M. 2011: Die neue Gleichgültigkeit: Die Wohlfahrtsverbände nach dem Ende der dualen Wohlfahrtspflege. In: Stolz-Willig, B./Christoforidis, J. (Hg.): Hauptsache billig? Prekarisierung der Arbeit in den Sozialen Berufen. Münster: 124-142

Müller:/Otto, H.-U. 1986: Verstehen oder Kolonialisieren? Grundprobleme sozialpädagogischen Handelns und Forschens. Bielefeld

Oelerich, G.; Schaarschuch, A.; Beer, K.; Hiegemann, I. (2019): Barrieren der Inanspruchnahme sozialer Dienstleistungen. Online unter: https://www.fgw-nrw.de/fileadmin/user_upload/FGW-Studie-VSP-23-Schaarschuch-2019_05_14-komplett-web.pdf

Olk, T. 1986: Abschied vom Experten. Sozialarbeit auf dem Weg zu einer alternativen Professionalität. Weinheim und München

Olk, T./Otto, H.-U./Backhaus-Maul, H. 2003: Soziale Arbeit als Dienstleistung. In: dies (Hg.): Soziale Arbeit als Dienstleistung. Grundlegungen, Entwürfe und Modelle. München: IX-LXXII

Olk, T./Speck, K. 2008: Qualität und Qualitätsentwicklung in der Sozialpädagogik. In: Zeitschrift für Pädagogik, Qualitätssicherung im Bildungswesen Eine aktuelle Zwischenbilanz; 53. Beiheft: 76-95

Otto, H.-U. 1991: Sozialarbeit zwischen Routine und Innovation. Professionelles Handeln in Sozialadministrationen. Berlin

Otto, H.-U./Polutta, A./Ziegler, H. 2010: Zum Diskurs um evidenzbasierte Soziale Arbeit. In: dies. (Hg): What Works. Welches Wissen braucht die Soziale Arbeit? Zum Konzept evidenzbasierter Praxis. Opladen: 12-25

Pölzl, A./Wächter, B. 2019: Perspektiven zur Digitalisierung in Sozialunternehmen. Regensburg

Power, M. 1997: The Audit Society. Rituals of Verification. Oxford

Röttger, B. 2016: Arbeit, Herrschaft, Qualifikation – heute: 40 Jahre nach Harry Bravermans 'Die Arbeit im modernen Produktionsprozess'. Hamburg

Seelmeyer, U./Ley, T. 2014: Dokumentation zwischen Legitimation, Steuerung und professioneller Selbstvergewisserung. In: Sozial Extra, 5/2014: 51-55

Seelmeyer, U./Waag, P. 2020: Hybridisierung personenbezogener sozialer Dienstleistungen. In: Kutscher, N./Ley, T./Seelmeyer, U./Siller, F./Tillmann, A./Zorn, I. (Hg.): Handbuch Soziale Arbeit und Digitalisierung. Weinheim und Basel: 180-189

Schaarschuch, A. 1996: Dienst-Leistung und Soziale Arbeit. Theoretische Überlegungen zur Rekonstruktion Sozialer Arbeit als Dienstleistung. In: Widersprüche, 2/1996: 84-96

– 2000: Kunden, Kontrakte, Karrieren. Die Kommerzialisieurng der Sozialen Arbeit und die Konsequenzen für die Profession. In: Lindenberg, M. (Hg.): Von der Sorge zur Härte. Kritische Beiträge zur Ökonomisierung Sozialer Arbeit. Bielefeld: 153-163

Schneider, D./Seelmeyer, U. 2018: Der Einfluss der Algorithmen. Neue Qualitäten durch Big Data Analytics und Künstliche Intelligenz. In: Sozial Extra3/2018: 21-24

Stein, M. 2017: Steuerung von Fachlichkeit? Innenansichten aus dem Allgemeinen Sozialen Dienst in Hamburg. In: Sozial Extra 6/2017: 29-32

White, V. 2000: Profession und Management. Über Zwecke, Ziele und Mittel in der Sozialen Arbeit. In: Widersprüche, Jg. 20: 9-27

Wolf, M. 2011: Prekarisierung und Entprofessionalisierung der Sozialen Arbeit. Zwischenruf zum staatliche betriebenen Zerfall einer Disziplin und Profession. In: Stolz-Willig, B./Christoforidis, J. (Hg.): Hauptsache billig? Prekarisierung der Arbeit in den Sozialen Berufen. Münster: 68-103

Wulf-Schnabel, J. 2011: Reorganisation und Subjektivierungen von Sozialer Arbeit. Wiesbaden

Ziegler, H. 2012: Wirkungsforschung – über Allianzen von Evaluationen und Managerialismus und die Möglichkeit erklärender Kritik. In: Schimpf, Elke/Stehr, Johannes (Hg.): Kritisches Forschen in der Sozialen Arbeit. Gegenstandsbereiche – Kontextbedingungen – Positionierungen – Perspektiven. Band 11, Wiesbaden: VS Verlag für Sozialwissenschaften: 93-106

*Christof Beckmann, Horner Weg 170, 22111 Hamburg*
*E-Mail: cbeckmann@rauheshaus.de*

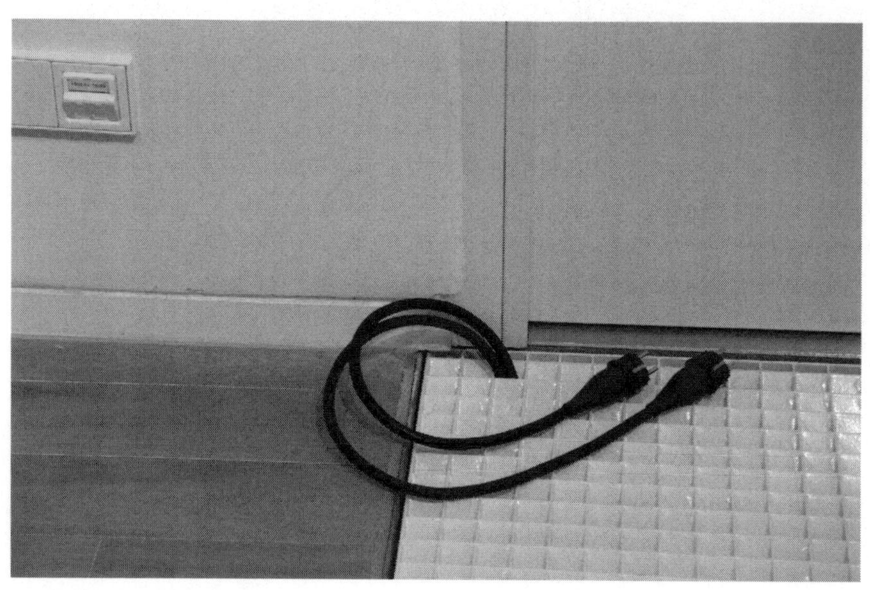

Phillip Gillingham & Timo Ackermann

# Algorithmisch basierte Entscheidungsunterstützungssysteme für die deutsche Kinder- und Jugendhilfe?

## Messages from Research[1]

## 1. Einführung

Im Laufe der letzten 25 Jahre haben Kinderschutzorganisationen weltweit und besonders in den englischsprachigen Ländern elektronische Informationssysteme genutzt, um Daten über Adressat*innen und Interventionen zu sammeln und auszuwerten. Die gleiche Entwicklung lässt sich für die Felder Gesundheitsfürsorge, Erziehung sowie der Strafgerichtsbarkeit aufzeigen. Neue digitale Technologien, die weithin als „Big Data" bekannt geworden sind, ermöglichen es, aus multiplen Datenbasen große Datensets herzustellen und prognostisch auszuwerten. Daten aus den Feldern Gesundheitsförderung, Soziale Dienste und Strafgerichtsbarkeit wurden in jüngerer Vergangenheit bereits über Technologien des „machine learning" miteinander relationiert, um algorithmisch gestützte Entscheidungsunterstützungssysteme, „decision support tools" (DST)[2] zu entwickeln (vgl. z.B. Allegheny County 2017; Wijenayake/Graham/Christen 2018). Auch im deutschsprachigen Raum findet die Digitalisierung Sozialer Arbeit zunehmend Beachtung. Die Einführung von algorithmisch gestützten Entscheidungsunter-

1 Der Text versucht Argumente und Positionen – die in den letzten Jahren von Philip Gillingham und anderen vor allen Dingen im englischsprachigen Raum vertreten wurden – für weitere Diskurse in Deutschland verfügbar zu machen und an aktuelle Diskurse anzuschließen.

2 Es wird hier und im Folgenden die im internationalen Kontext gebräuchliche Abkürzung „DST" verwendet und der Begriff „Entscheidungsunterstützungssystem" gleichbedeutend verwendet. Eine Übersetzung als „Entscheidungsunterstützungsinstrumente" wäre ebenfalls naheliegend gewesen; wir haben uns für „Entscheidungsunterstützungssysteme" entschieden, weil dies unseres Erachtens besser den vernetzten, relationalen Charakter der entwickelten Instrumente verdeutlicht.

**Widersprüche**. Verlag Westfälisches Dampfboot, Heft 158, 40. Jg. 2020, Nr. 4, 63 – 78

stützungssystemen wird in diesem Kontext bisweilen als „langfristig (...) nicht mehr aufzuhalten" bewertet (Schrödter/Bastian/Taylor 2020: 256).

Das Ziel von DST besteht im Feld Sozialer Dienste typischerweise darin, vulnerable Adressat*innen frühzeitig zu identifizieren, um präventive Interventionen zu ermöglichen (Sanders u.a. 2017). DST entbinden menschliche Akteur*innen von der Interpretation der Daten; die Entscheidung, ob Interventionen angesichts der Empfehlungen der DST durchgeführt werden sollten, verbleibt aber bei den zuständigen Personen. Die Behauptung der Entwickler*innen besteht zumeist darin, die entwickelten Technologien seien menschlichen Akteur*innen überlegen, weil sie vielfältigere Informationen in kürzerer Zeit verarbeiteten und daher in ihrer Risikoeinschätzung akkurater und zuverlässiger seien. Postuliert wird, DST seien der nächste Schritt in der aktuarialen Einschätzung von Risiken in Kinderschutzorganisationen (Macchione et al. 2013; Schrödter/Bastian/Taylor 2018, 2020).

Bislang gibt es allerdings unserer Kenntnis nach nur wenige Forschungen aus dem Feld des Kinderschutzes, um Entscheidungsträger*innen in ihren Entscheidungen zu unterstützen, ob sie sich in der Implementierung von DST engagieren sollten. Einige Studien und kritische Kommentierungen sind gleichwohl publiziert worden. In diesem Artikel gehen wir zunächst auf Beispiele für die versuchten Implementierungen von DST ein. Das Ziel besteht darin, einen kritischen Überblick über aktuelle Entwicklungen und Debatten zu geben. Zugleich soll ein Beitrag zur Frage geleistet werden, ob die Nutzung von algorithmisch gestützten Entscheidungsunterstützungssystemen auch in der deutschen Kinder- und Jugendhilfe vermehrt vorangetrieben werden sollte – oder nicht.

Im Rahmen eines Zeitschriftenartikels ist es notwendig, z.T. komplexe Phänomene zusammenfassend darzulegen. Wo immer möglich, werden wir jedoch Referenzen zu vollständigeren Darstellungen herstellen. Wir beziehen uns auf Forschungsberichte, Zeitungs- und Fachartikel, die bislang vor allem im englischsprachigen Raum erschienen sind sowie auf einige neuere Publikationen aus dem deutschsprachigen Raum. Zur Veranschaulichung des Problemkontextes gehen wir zunächst auf einige Beispiele für DST ein, die vor allem in den USA, in England, Neuseeland aber auch in den Niederlanden verwendet werden. Hierauf folgt eine Diskussion von Problemdimensionen, die durch die Entwicklung, Implementierung und Nutzung von DST hervorgebracht werden. Um es gleich vorwegzunehmen: Bislang gibt es unseres Wissens keine unabhängigen Publikationen, die die Effizienz von DST in Kinderschutzorganisationen nachweisen konnten. Insgesamt kommen wir daher zu einer skeptischen Einschätzung in Bezug auf die Einführung von algorithmisch gestützten Entscheidungsunterstützungssystemen.

## 2. Exemplarische Blickschneisen auf die Einführung algorithmisch basierter Entscheidungsunterstützungssysteme

### *Das „Allegheny Family Screening Tool", Philadelphia (USA)*

Die folgenden Ausführungen zum „Allegheny Family Screening Tool" (FST) beruhen auf einer Evaluation der lokalen Behörde (Allegheny County 2018) sowie auf der Fallstudie von Chouldechova u.a. (2018). Das FST wurde in Allegheny County (einem Vorort von Philadelphia, USA) entwickelt. Basierend auf Daten von Kindern und ihren Familien, die bereits in Kontakt mit Kinderschutzorganisationen standen, berechnet das FST die Wahrscheinlichkeit, mit der ein Kind innerhalb von zwei Jahren (abhängige Variable) wieder bei den Kinderschutzbehörden als Opfer von Misshandlungen oder Vernachlässigung gemeldet wird. Das FST zielt insofern darauf ab, die vulnerabelsten, mit hoher Wahrscheinlichkeit gefährdeten Kinder in einer Gruppe relevanter Personen zu identifizieren. Der Algorithmus nimmt für sich in Anspruch, über 100 kindbezogene Faktoren zu berücksichtigen. Das DST nutzt dabei Daten gewissermaßen aus einem „Gemischtwarenladen" von 29 verschiedenen Quellen, darunter Daten der Kinder- und Jugendhilfe, aber auch Daten aus der Hilfe für psychisch kranke und suchtkranke Menschen, sowie Daten aus der Strafgerichtsbarkeit.

Die schiere Menge der berücksichtigten Daten und Faktoren mag beindruckend sein, gleichwohl wäre ein genauerer Blick auf die Konstruktion des Algorithmus notwendig, um das Instrument bewerten zu können. Bislang sind allerdings, was ein typisches Problem darstellt, keine Informationen darüber zugänglich, welche Gewichtung das FST den verschiedenen Faktoren zuspricht. An anderer Stelle wurde zudem darauf verwiesen, dass Algorithmen häufig nur eine geringe Zahl von Faktoren verlässlich als Prädikatoren nutzen können, wenn es darum geht, administrative Daten zu verwenden (Gillingham 2017; Wijenayake/Graham/Christen 2018).[3] Diese erste exemplarische Betrachtung verdeutlicht: In der Bewertung von Entscheidungsunterstützungssystemen gilt es, sich nicht von der schieren Menge an Faktoren und Variablen beindrucken zu lassen, vielmehr gilt es die prädiktiven Fähigkeiten von Variablen und Faktoren zu hinterfragen, um die Effektivität und praktische Verwendbarkeit eines Instrumentes bewerten zu können.

3 Für Kinderschutzorganisationen: frühere Kontakte mit den Kinderschutzbehörden sowie die Dauer des Bezugs von Sozialleistungen und der Status als Alleinerziehende, wobei die letzteren beiden Indikatoren für Armutsverhältnisse sind (Gillingham 2017).

*Das „Rapid Safety Feedback Programme in Chicago" (RSF) (USA)*

Zum RSF liegen nach unserem Wissensstand bislang keine wissenschaftlichen Evaluationen vor. Unsere Angaben basieren auf einem Zeitungsartikel, der am 6. Dezember 2017 im Chicago Herald veröffentlicht wurde. Die Einführung des RSF hat große mediale Aufmerksamkeit erregt, und im Internet finden sich zahlreiche Berichterstattungen zum RSF, aber alle scheinen auf einen Artikel von Gloor (2017) zurückzugehen. Der Artikel berichtet davon, wie das Illinois Department of Children and Family Services entschied, die Nutzung des RSF wegen Fehlern in seinen Prädikatoren wieder zu stoppen. Das RSF gehört zum Typus der supervised learning algorithm. Der Algorithmus nutzt Daten aus dem Feld der Kinder- und Jugendhilfe, um besonders gefährdete Kinder zu identifizieren, sobald sie in der Kinder- und Jugendhilfe auffällig werden. Dabei wird jedem Kind ein Wert auf einer Skala bis 100 Punkten zugeordnet.

Kurz zusammengefasst überschätzte das RSF die Wahrscheinlichkeit von Misshandlung für 1000 Kinder. Das führte dazu, dass die zuständige Behörde mit einer Vielzahl von zu bearbeitenden Fällen überfordert war und infolgedessen das Risiko in anderen Fällen unterschätzte, in denen Kinder starben oder schwerwiegende Schädigungen erlitten. Das RSF ermittelte z.B. eine 100%ige Wahrscheinlichkeit eines Todes oder einer schwerwiegenden Verletzung für 369 Kinder innerhalb der nächsten zwei Jahre. Eine solche Berechnung lässt natürlich die Frage offen, wie in solchen Fällen konkret vorgegangen werden soll, und überlässt den (aufwändigen und Aufmerksamkeit bindenden) Umgang mit der Prognose letztlich den zuständigen Sozialarbeiter*innen.

Das RSF wurde von einem privaten Unternehmen entwickelt, und der Algorithmus steht nicht für öffentliche Untersuchungen zur Verfügung. Es ist daher schwer zu bestimmen, warum es zur Überschätzung von Wahrscheinlichkeiten kam. Angesichts dessen, dass das RSF Daten aus dem Feld der Kinder- und Jugendhilfe verwendete und periodisch (oder sogar laufend) mit Daten aus dem gleichen Feld weiter „lernte", dabei aber *zunehmend* Fehleinschätzungen produzierte, kann vermutet werden, dass das RSF einer Selektionsverzerrung („Sample Selection bias") zum Opfer fiel.

Zu einer Verzerrung durch Stichprobenselektion kommt es, wenn genutzte Daten selbst auf die eine oder andere Form bereits einem Bias unterliegen (Berk 1983). In Daten aus der Kinder- und Jugendhilfe ist davon auszugehen, dass Kindesmisshandlung und Vernachlässigung überdurchschnittlich häufig vorkommen. Der Algorithmus lernt auf diese Weise alle möglichen Formen von Faktoren mit Kindesmisshandlung und Vernachlässigung zu verbinden, ohne dass in der allgemeinen Bevölkerung solche Faktoren zu Kindesmisshandlung oder Vernachlässigung führen müssen. Im Laufe der Zeit, in den Selbst-Lern-Schleifen des Algorithmus, kann sich dieser Bias einschleifen und verschärfen, was zu zunehmend fehlerhaften Einschätzungen von Risiken führen kann. Der Leiter der Behörde erklärt das Programm jedoch insbesondere deshalb für gescheitert, weil gerade besonders schwerwiegende Fälle nicht vorhergesagt werden konnten (Gloor 2017).

### *Das „Hackney's Early Help Profiling System Social", London (GB)*

Dencik u.a. (2018) beschreiben das Early Help Profiling System (EHPS), das in London Verwendung fand, wie folgt: Der Bezirk Hackney County Council ging mit privaten Firmen eine Partnerschaft ein, um das EHPS zu entwickeln und – ähnlich wie oben berichtet -gefährdete Kinder und Familien so früh wie möglich zu identifizieren. Zu der Entwicklung und Evaluation des EHPS sind keine wissenschaftlichen Studien verfügbar, allerdings eröffnet ein Zeitungsartikel von Ed Sheridan (2019) im „Hackney Citizen", einer lokalen Zeitung, interessante Einsichten.

Sheridan (2019) berichtet, wie das EHPS genutzt wurde, um in der allgemeinen Bevölkerung, die noch nicht in Kontakt mit der Kinder- und Jugendhilfe stand, vulnerable Kinder zu identifizieren. Dazu wurden Daten aus dem Kontext der Hilfesysteme sowie Angaben über abweichendes Verhalten aus anderen Kontexten verwendet, etwa Daten über häusliche Gewalt sowie über Schulschwänzen und -ausschlüsse.

Die Nutzung des EHPS wurde zwischenzeitlich gestoppt, vor allen Dingen aus zwei Gründen: Erstens erreichte seine Leistung nicht die erwarteten Standards, und zweitens waren die Bürger*innen nicht darüber informiert worden, wie ihre Daten genutzt wurden, was im Nachhinein auch von politisch Verantwortlichen als Missachtung von Persönlichkeitsrechten anerkannt wurde. Sheridan (2019) berichtet zudem über Zweifel an der Qualität der von EHPS genutzten Daten. Die private Firma, die mit dem Bezirk Hackney County zusammenarbeitete, erhielt umgerechnet etwa 410.000 € für ein Instrument, welches nie effektiv zur Anwendung gebracht werden konnte (Sheridan 2019).

### *Das „Predictive Risk Modelling" (PRM) in Neuseeland*

Die folgenden Ausführungen zum PRM fassen die wichtigsten Eckpunkte von zwei Publikationen zusammen, die anderen Ortes erschienen sind (Gillingham 2016, 2017). Das PRM wurde als Teil einer größeren Reform des Kinderschutzsystems von einem Team der Universität Auckland entwickelt (CARE, 2012; Vaithianathan u.a. 2013), im deutschsprachigen Diskurs wurde es bereits als erfolgreiches Beispiel für DST behandelt (Schrödter/Bastian/Taylor 2018: 9). Die Entwickler*innen nutzen Daten aus den Feldern der Kinder- und Jugendhilfe („Child Welfare"), Gesundheitsfürsorge, Erziehung und Sozialhilfesysteme. Der mit diesen Daten lernende Algorithmus sollte dazu dienen, Kinder in Gefährdungslagen zu identifizieren, sobald ihre Eltern zum ersten Mal Sozialhilfeleistungen beantragten. Im Anschluss an die Identifizierung sollte dann interveniert werden, um Misshandlungen zu stoppen und Hilfeleistungen zu installieren (Ministry of Social Development in New Zealand 2014a, 2014b).

Die Beteiligten entwickelten einen Algorithmus, dessen Genauigkeit mit 76% angegeben wurde, und es wurden Pläne gemacht, einen Versuchslauf sowie die Implementierung anzugehen. Allerdings erzeugte der PRM vielfältige Kritik in den Massenmedien und der Wissenschaft. In Frage gestellt wurde: (a) die ethische Zulässigkeit Daten zu verwenden, die für einen anderen Einsatz vorgesehen waren und zu deren Verwendung die Betroffenen in dieser Hinsicht nicht zugestimmt haben, (b) die Stigmatisierung von Kindern und Familien, die durch das PRM identifiziert werden, (c) die moralische und rechtliche Basis von Interventionen, die auf Algorithmen beruhen und (d) der Mangel an Transparenz darüber, wie das PRM entwickelt wurde und wie es operierte (Dare 2013; Keddell 2015).

Die Pläne für eine Erprobung des Instrumentes unter Echtzeitbedingungen als reine Beobachtungsstudie, in dem die Verlässlichkeit des Instrumentes an einer Gruppe von 60.000 Neugeborenen getestet werden sollte, wurden zurückgestellt: dies vor allem angesichts politischer Bedenken. Die intervenierende Ministerin wird mit den Worten zitiert „these are children, not lab rats" (Jones 2015). Einige weitere Schwachstellen des Instrumentes lassen sich festhalten; in Kürze: Das Datenset enthält z.B. Daten über Kinder, die Opfer von Misshandlungen wurden, aber auch Daten von Geschwistern, die Opfer von Misshandlungen wurden sowie Daten von Kindern, die Hilfen für psychisch Kranke erhielten, und von unbegleiteten, minderjährigen Geflüchteten. Infolgedessen hätte der Algorithmus wohl in der Tat zu einer Über-Identifizierung von vermeintlich von Misshandlung gefährdeten jungen Menschen geführt.

## 3. Diskussion: Probleme in der Implementierung von Entscheidungsunterstützungssystemen

### *Ethische Perspektiven*

In den letzten Jahren wurde der Einsatz algorithmisch basierter Entscheidungsunterstützungssysteme unter Verwendung von Daten aus dem Feld der öffentlichen Sozial- und Gesundheitsbereiches vielfältig kritisiert (Keddell 2015; de Haan and Connelly 2014; Beranek u.a. 2019). Dabei wurden einige Anstrengungen unternommen, den Einsatz von DST unter ethischen Gesichtspunkten zu reflektieren (Leslie u.a. 2020; Drake/Jonson-Reid 2018; Dare 2013). Als unethisch wird vor allem kritisiert, dass die Entwicklung von DST die Privatsphäre der Bürger*innen verletzt; Daten wurden immer wieder ohne entsprechendes Einverständnis genutzt (bzw. nur mit Einverständnis für einen anderen Zweck). Für eine ethisch sensible Umsetzung von DST wird gefordert, dass alle Prozesse der Entwicklung wie auch der Nutzung von DST transparent sein müssten und auch offen für Untersuchungen (im Gegensatz zu den oben vorgestellten Beispielen). Dabei würde eine Offenlegung des Algorithmus nicht ausreichen; vielmehr müssten Datengrundlagen und soziotechnische Verwendungszusammenhänge darüber hinaus nachvollziehbar sein (Zweig 2019). Entwicklungsprozesse wären zudem unter Einbeziehung wichtiger Stakeholder, inklusive der Adressat*innen (Eltern und Kindern) zu führen (Leslie u.a. 2020; Devliegere and Gillingham, in press; Schneider/Seelmeyer 2019).

### *Nachvollziehbarkeit von Entscheidungsprozessen*

Die Entwicklung von Entscheidungsunterstützungssystemen ist eng verbunden mit Vorstellungen von Darstellbarkeit, Verantwortlichkeit und Nachvollziehbarkeit von Entscheidungsprozessen über das Kindeswohl (Ackermann 2017, 2020b): Als Vertreter*innen des Staates und der öffentlichen Verwaltung sind Sozialarbeiter*innen Tag für Tag herausgefordert, ihre Entscheidungspraxis gegenüber multiplen Öffentlichkeiten (Kolleg*innen, Nutzer*innen, Richter*innen, andere Professionelle, …) nachvollziehbar zu machen. Auch für die Entwicklung und den Gebrauch von Algorithmen sind bereits Richtlinien entwickelt worden, die eine verantwortliche, transparente und nachvollziehbare Nutzung von Algorithmen überhaupt (USACM 2017) sowie im Feld öffentlicher Verwaltung (Djeffal 2018) absichern sollen; in der Praxis zeigen sich allerdings einige Probleme, solche Grundsätze zu verwirklichen (Gillingham 2019b; Binns 2018).

Grundsätze zum Umgang mit Algorithmen verlangen, dass algorithmisch basierte Entscheidungen – wie auch menschliche Entscheidungen – nachvollziehbar sein müssen. Ananny und Crawford (2016) verweisen auf die Limitationen algorithmischer Transparenz, z.B. darauf, dass die Offenlegung und Einsicht in einen Algorithmus keinesfalls mit Transparenz verwechselt werden darf. Die Funktionsweise eines DST mag, selbst wenn sie offengelegt ist, zumindest zu Beginn für die Sozialarbeiter*innen schwer zu erklären und für die Nutzer*innen häufig kaum zu verstehen sein. Gerade komplexe Entscheidungsunterstützungssysteme (z.B. Amrit u.a. 2017) werden vermutlich gleichermaßen das Verständnis von Sozialarbeiter*innen und Nutzer*innen überfordern. Wiederkehrend wird daher gefordert, den Einsatz von DST aus dem Grund mangelnder Nachvollziehbarkeit der Entscheidungsprozesse zu unterlassen (Binns 2018; Ananny/Crawford 2016). Die Nachvollziehbarkeit algorithmisch gestützter Entscheidungsprozesse stellt, so möchten wir festhalten, gemeinsam mit der problematischen Frage der Datennutzung, eine wesentliche Herausforderung in der Realisierung von DST in der Sozialen Arbeit dar.

### *Problematische Prädiktoren*

Wie bereits oben angedeutet, sind die von Algorithmen verwendbaren Prädiktoren zur Bestimmung von Gefährdungen begrenzt – trotz der Behauptung einiger Entwickler von DST, die Exaktheit von Vorhersagen könne durch die Verwendung multipler Datenquellen verbessert werden (Wijenayake/Graham/Christen 2018). Das oben besprochene PRM in Neuseeland verfügt z.B. über drei Hauptprädiktoren: Frühere Kontakte mit Kinderschutzbehörden („Child welfare agencies"), die Beziehungssituation der Sorgeberechtigen (wobei Alleinerziehende für ein höheres Risiko stehen) und die Dauer von Sozialhilfebezügen (Gillingham 2017). An anderer Stelle wurde bereits darauf hingewiesen, dass die Nutzung des Familienstatus als Risikofaktor zur sich selbst verschärfenden Stigmatisierung von Alleinerziehenden beitragen kann (De Haan and Connelly 2014). Mit Blick auf das in Neuseeland entwickelte PRM lässt sich z.B. festhalten, dass das DST, über die Verwendung von Armutsindikatoren (Sozialhilfebezug, Hilfegeschichte, ...), eher dazu geeignet scheinen, von Armut betroffene Familien zu identifizieren als dazu, Interventionsentscheidungen zu begründen (TCC Group 2015: 5). Die Nutzung vormaliger Kontakte zu Kinderschutzorganisationen als Prädiktoren kann zudem häufig zu Ungenauigkeiten führen, weil in der Regel längst nicht alle Meldungen in der Feststellung von Misshandlungen oder der Installation von Hilfen münden (Gillingham 2020a). Einige Meldungen werden sich immer als unberechtigt herausstellen und einige mögen sogar, wie Eubanks (2018) zeigt, üble Nachrede sein. Den bisher entwickelten Algorithmen fehlt bislang die Fähigkeit, zwischen Kontakten zu unterscheiden, die ein höheres Risiko indizieren und solchen, die dies nicht tun.

### *Biases und sich selbst verschärfende Ausgrenzung*

Alle Aspekte aus dem vorherigen Abschnitt führen zur Problematik von kognitiven Verzerrungen und systematischen Fehlern bzw. Messabweichungen („biases"). Im Anschluss an die Überlegungen aus dem obigen Absatz und etwas vereinfachend: Die Meldung über ein Kind aus einer relativ armen Familie wird mit höherer Wahrscheinlichkeit nachverfolgt, untersucht und bekräftigt werden als die Meldung zu einem Kind aus einem vermögenden Elternhaus. Eubanks (2018) weist ebenfalls darauf hin, dass ärmere Familien mit größerer Wahrscheinlichkeit untersucht werden, weil sie sich keinen Zugriff auf private Unterstützungssysteme leisten können, und staatliche Unterstützungsagenturen mit höherer Wahrscheinlichkeit Meldungen an Kinderschutzorganisationen übermitteln. Darauf programmiert, historische Daten zu nutzen, spiegelt sich diese Perspektivierung und – gerade im Fall von Armut und vorherigen Kontakten – verschärft das DST möglicherweise sogar diese Aufmerksamkeitsverzerrungen. Weitere Bias können bereits in den Daten eingeschrieben sein und z.B. dazu führen, dass die Marginalisierung von ethnischen Gruppen unter dem Deckmantel der Verwendung von „Big Data" fortgeschrieben oder sogar verschärft wird (Crawford 2013, Speyer 2017).

### *Problematische Daten*

Die in Kinderschutzorganisationen gesammelten Daten sind immer wieder als lückenhaft, wenig akkurat und widersprüchlich beschrieben worden. Unübersichtlichkeit und Un-einheitlichkeit erschweren es, Algorithmen, Muster und Korrelationen zu erkennen und Vorhersagen zu treffen (Gillingham 2020b). Mehr noch: Eine Vielzahl von Daten mag, bei großer Inkonsistenz, für eine Verwendung im Kontext von Entscheidungsunterstützungssystemen gänzlich unbrauchbar sein. Weitere Probleme entstehen, weil Messungenauigkeiten häufig nur schwer zu bestimmen sind und lokale Unterschiede darin bestehen, wie Kinderschutzorganisationen auf Meldungen und Fallkonstellationen reagieren (Gillingham 2009).

Überdies nutzen Entscheidungsunterstützungssysteme Daten aus dem Kontext der Verwaltung, die Hilfeprozesse im Kontext von Kindesmisshandlungen häufig nur ungenau abbilden bzw. eigene Realitäten erzeugen (vgl. Wolff 2004; Ackermann 2020b). Dies war z.B. bei der Entwicklung des PRM in Neuseeland der Fall: Die Effekte von Hilfen werden in den Datenbänken nicht erfasst, eher wird ein „Fall abgeschlossen“ vermerkt. Auch in den deutschen Jugendämtern werden solche fallbezogenen Statistiken geführt, ohne die Effekte von Hilfen genauer zu erfassen. Den Abschluss eines Falls als Ersatzvariable für die Beendigung einer Kindesmisshandlung zu behandeln, muss allerdings als problematisch bewertet werden, weil beide Phänomene nicht bedeutungsgleich sind. Probleme bestehen insofern nicht nur in der Repräsentativität einzelner Faktoren, sondern auch in der Repräsentativität der in der Verwaltung erhobenen bzw. verfügbaren Daten (Gillingham 2020b).

Daten für einen anderen Zweck zu verwenden als für den, für den sie erhoben wurden, kann insofern zu weiteren Problemen führen. Dennoch wird ein solches Vorgehen immer wieder befürwortet, schon alleine, weil die Daten bereits vorliegen und daher (vermeintlich) einfach zu gebrauchen sind (Salganik 2018).

Schrödter/Bastian/Taylor (2018; 2020) berichten einerseits kritisch (dieselben 2018: 9-11; dieselben 2020: 260) und vielleicht auch mit einer gewissen Faszination andererseits von der neuen Macht der „Digitalisierungsrevolution“ (Bastian/Schrödter 2019: 40): „Wenn wir davon ausgehen, dass das Risiko zukünftiger Ereignisse, wie etwa einer Kindesmisshandlung, treffsicher und auch sinnvoll nur durch statistische Verfahren prognostiziert werden kann (...), wäre Big Data Analytics folglich die beste Wahl“ (Bastian/Schrödter 2019: 46). Daten könnten im Zuge maschinell gestützter Prozesse miteinander kombiniert und ohne größeren Aufwand im Zuge von „Big Data“ Analysen genutzt werden. Dies könne „einen dynamisch anwachsenden Datenpool abgeben“ (Schrödter/Bastian/Taylor 2018: 7).

> „etwa die Anzahl und die Dauer der Besuche einer Sozialpädagogischen Familienhilfe, aufgezeichnete Interviews mit den Eltern und Kindern, bisher erhaltene Sozialleistungen der Eltern, Verspätungen oder Versäumnisse bei Untersuchungen, medizinische oder therapeutische Daten (Unfälle, Entwicklungsverzögerungen, Verhaltensstörungen (...), Impfungen, Medikamentierungsgeschichte usw.), Selbsterzeugnisse der Kinder oder Entwicklungsberichte von Fachkräften aus Kindertageseinrichtungen oder Grundschulen, Schuleingangsuntersuchungen des Gesundheitsamtes, die öffentlich zugänglichen Aktivitäten der Eltern und Kinder in sozialen Netzwerken (...). Big Data Analytics kann diesen Datenpool nutzen, um sie nach Mustern zu durchforschen, die Hinweise auf Kindeswohlgefährdung geben.“ (ebenda)

Angesicht der weiter oben ausgeführten Gründe kann einem solchen Ansatz hier nicht gefolgt werden. Der Einsatz von zu anderen Zwecken erhobenen Daten, zumal in so weitreichender Form wie hier angedeutet, muss auf ethische und rechtliche Bedenken stoßen. Es ergeben sich zudem praktische Probleme, die hier ebenfalls mit Blick auf die oben untersuchten Beispiele angedeutet wurden, kann eine solches Vorgehen doch nicht zuletzt zu ungenauen Risikobestimmungen führen, die Kinderschutzorganisationen eher be- als entlasten.

Wir gehen angesichts der bisherigen Erfahrungen davon aus, dass – wenn nützliche, verlässliche und genaue DST für Kinderschutzorganisationen entwickelt werden sollen –, *dies den Aufbau eines maßgenschneiderten Datensets erfordern würde.* Im Kontext von Kinderschutzorganisationen würde dies z.B. bedeuten, Daten über Hilfeprozesse und Effekte zu produzieren – im Unterschied zu administrativen Daten, die eigene Realitäten herstellen und dabei Handlungsschritte der Verwaltung und nicht unbedingt Fall-Realitäten reflektieren (vgl. Wolff 2004; Ackermann 2017). Elektronische Dokumentationssyteme müssten aufwändig neu designt werden, Sozialarbeiter*innen wären darin auszubilden, Daten anders als bisher zu erheben. Und es würde eine gewisse Zeit brauchen, um ausreichende Mengen an Daten in einem neuen elektronischen Dokumentationssystem aufzubauen. Nicht zuletzt wären alle wichtigen Stakeholder in transparente Prozesse einzubinden. Dies wäre, so viel dürfte klar geworden sein, eine sehr kosten- und zeitintensive Aufgabe.

### *Verwendungsweisen von DST im Alltag*

Empirische Forschungen haben in den letzten Jahren immer wieder gezeigt, dass Instrumente zur Risikoeinschätzung im Kinderschutz bei weitem nicht immer so genutzt werden, wie dies die Entwickler*innen entsprechender Instrumente intendierten (vgl. Bastian 2017; Ackermann 2020a, 2020b). Sozialarbeiter*innen werden in einen intensiven Austausch mit Risikoeinschätzungsinstrumenten verwickelt, verhalten sich aber durchaus eigensinnig. Sie beeinflussen die Instrumente so, dass favorisierte Ergebnisse und Einschätzungen erzeugt werden; oder sie ignorieren die Empfehlungen aus einer Vielzahl von Gründen, z.B. weil ihnen keine Möglichkeiten zur Verfügung stehen, entsprechende Hilfen anzubieten (Gillingham 2009; Ackermann 2017).

Wie weiter oben ausgeführt, ist ein wichtiger Aspekt in der Nutzung von DST in der Nachvollziehbarkeit der Algorithmen zu sehen; Nachvollziehbarkeit muss aber nicht notwendigerweise zum Vertrauen der Sozialarbeiter*innen in die Einschätzungen des Instrumentes führen, die z. T. von „Pseudo-Mathematik" sprechen (Ackermann 2017, 2020b). In der Studie zur Verwendung des DST in Allegheny County gibt es Hinweise darauf, dass Sozialarbeiter*innen ein Viertel der Empfehlungen von DST zurückwiesen und außer Kraft setzten (Chouldechova u.a., 2018). Selbst wenn die Instrumente so funktionierten wie geplant und alle Probleme ausgeräumt würden, bliebe immer noch das Problem der Integration in praktische Handlungsabläufe und Entscheidungsprozesse.

## 4. Fazit: Algorithmisch gestützte Entscheidungsunterstützungssysteme für die deutsche Kinder- und Jugendhilfe?

Die Entwicklung und Nutzung von DST kann als noch in den Kinderschuhen steckend beschrieben werden – es mag daher voreilig sein zu urteilen, dass DST ungeeignet sind, um Sozialarbeiter*innen im Kinderschutz zu unterstützen. Festhalten lässt sich aber: Es handelt sich um eine „Kindheit", die durch ethische, rechtliche und praktische Probleme gekennzeichnet ist.

Mit Blick auf die Zukunft – zur Verbesserung der Praktikabilität und Anwendbarkeit von DST – wären eine ganze Reihe von Aspekten zu beachten. Entwickler*innen und Politiker*innen müssten sich von der ineffektiven und unethischen Praxis verabschieden, in und zwischen staatlichen Akteur*innen Daten auszutauschen und zu kombinieren, die zu einem anderen Zweck erhoben wurden, um diese als Grundlage zur Etablierung von DST zu verwenden. Genauer gesagt müsste es darum gehen, konsistentere und komplettere Datensets aufzubauen, deren Verwendung den Bürger*innen umfänglich transparent zu machen wäre und zu deren Verwendung das Einverständnis des Betroffenen erreicht werden müsste. Dies würde aber eine massive Umorganisation elektronischer Berichtssysteme und ihrer Verwendungsweisen in Kinderschutzorganisationen verlangen und enorme organisatorische und fiskalische Anstrengungen über Jahre hinweg bedeuten. Selbst wenn diese Investitionen getätigt würden, gibt es keine Garantie, dass die DST in der alltäglichen Arbeitspraxis der Jugendämter wirklich hilfreich sein können.

Angesichts der immensen notwendigen Investitionen und der vielfältigen ethischen, rechtlichen und praktischen Probleme wäre es möglicherweise sinnvoller, vermehrt anderweitig in die Systeme der Kinder- und Jugendhilfe zu investieren, z.B: in Fort- und Weiterbildung, in die Gewinnung, Supervision und Unterstützung des Personals sowie in eine insgesamt qualitativ hochwertige Kinder- und Jugendhilfe.

Zudem würde durch die weitere Einführung von algorithmisch gestützten DST in Deutschland eine Risiko-Orientierung in der Kinder- und Jugendhilfe weiter befeuert, die sich als „Kindeswohlgefährdungsvermeidung" verstehen lässt (Dahmen/Kläsener 2019). Eine Tendenz, mit der in fachlichen Diskursen das Vermeiden von Risiken und vermeintliche Sicherheiten in den Vordergrund gestellt werden. Prozesse der Analyse und des Verstehens von strukturbedingten Ursachen von Gewalt und möglichen Kindeswohlgefährdungen werden dabei jedoch in den Hintergrund gedrängt. Die Aufmerksamkeit liegt auf der Frage, wie wahrscheinlich die KWG (vermeintlich) ist. Nicht so sehr auf der Frage, wie es zu ihr kommt und was angesichts dessen zu tun wäre.

Insgesamt lässt sich eine recht große Aufregung und auch viel wohlmeinender Enthusiasmus rund um den Komplex von „Big Data“, künstlicher Intelligenz, „machine learning“, automatisierter Entscheidungsprozesse und Entscheidungsunterstützungssysteme feststellen. Nicht selten werden die beschriebenen Entwicklungen als notwendige, nächste Schritte dargestellt. Wir täten allerdings gut daran, eine „skeptische“ (Scholz 2019) Betrachtungsweise einzunehmen, um nüchtern zu bewerten, ob DST in der Tat eine Unterstützung für Sozialarbeiter*innen darstellen und ob sie den Aufwand rechtfertigen, den ihre Implementierung verlangt.

## Literatur


Ackermann, Timo 2020a: Digitalisierung in der Kinder- und Jugendhilfe und im Kinderschutz: Von Risikoeinschätzungsbögen über Fallbearbeitungssoftware bis zu Big Data. Soziale Passagen 12, 171-177

– 2020b: „Einige Ambivalenzen des Entscheidens über das Kindeswohl. Zwischen ‘Fallzuständigkeit’, ‘Informiertheit’ und ‘Pseudo-Mathematik’“, in: Helga Kelle/Stephan Dahmen (Hg.), Ambivalenzen des Kinderschutzes. Empirische und theoretische Perspektiven, Weinheim, 20-41

– 2017: Über das Kindeswohl entscheiden. Zur Fallarbeit im Jugendamt, Bielefeld

Allegheny County 2017: Developing Predictive Risk Models to Support Child Maltreatment Hotline Screening Decisions, Pittsburgh, PA, Allegheny County Department of Human Services. Verfügbar unter: https://www.alleghenycounty-analytics.us/index.php/2019/05/01/developing-predictive-risk-models-support-child-maltreatment-hotline-screening-decisions/[15.09.20]

Amrit, C., Paauw, T., Aly, R. and Lavric M. 2017: Identifying child abuse through text mining and machine learning. Expert Systems with Applications, 88, 402-418

Ananny, M., and Crawford, K. 2016: Seeing Without Knowing: limitations of the Transparency Ideal and Its Application to Algorithmic Accountability. New Media & Society. doi:1461444816676645

Bastian, P. 2017: Negotiations with a risk assessment tool: Standardized decision-making in the United States and the deprofessionalization thesis. Transnational Social Review – A Social Work Journal, 7(2), 206-218

Bastian, P., & Schrödter, M. 2019: Risikodiagnostik durch „Big Data Analytics“ im Kinderschutz. In: Archiv für Wissenschaft und Praxis der sozialen Arbeit, (2), 40-49

Beranek, A., Hill, B.; Sagebiel, J. B. 2019: Digitalisierung und Soziale Arbeit. Ein Diskursüberblick. Soziale Passagen, 11(2), 225-242

Binns, R. 2018: Algorithmic accountability and public reason. Philosophy & Technology, 31(4), 543-56

CARE 2012: ‘Vulnerable Children: Can Administrative Data Be Used to Identify Children at Risk of Adverse Outcomes?’ Centre for Applied Research in Economics, University of Auckland: Auckland, New Zealand. Verfügbar unter: https://www.

msd.govt.nz/documents/about-msd-and-our-work/publications-resources/research/vulnerable-children/auckland-university-can-administrative-data-be-used-to-identify-children-at-risk-of-adverse-outcome.pdf [15.09.20]

Chouldechova, A., Putnam-Hornstein, E., Benavides-Prado, D., Fialko, O. and Vaithianathan, R. 2018: 'A case study of algorithm-assisted decision making in child maltreatment hotline screening decisions.' Proceedings of Machine Learning Research 81, 1-15

Crawford, K. 2013: 'The hidden biases in big data. Verfügbar unter: http://blogs.hbr.org/2013/04/the-hidden-biases-in-big-data/ [15.09.20]

Dare T. 2013: Predictive risk modelling and Child Maltreatment: an ethical review. University of Auckland: Auckland, New Zealand. Verfügbar unter: https://csda.aut.ac.nz/__data/assets/pdf_file/0016/11923/00-predicitve-risk-modelling-and-child-maltreatment-an-ethical-review.pdf [15.09.20]

Dahmen:; Kläsener, N. 2019: Kinder- und Jugendhilfe als Kindeswohlgefährdungsvermeidungsstrategie? Soziale Passagen, 10(2), 197-210

De Haan, I.; Connelly, M. 2014: Another Pandora's box? Some pros and cons of predictive risk modelling. Children and Youth Services Review, 47(1), 86-91

Dencik, L., Hintz, A., Redden, J. and Warne, H. 2018: Data Scores as Governance: Investigating uses of citizen scoring in public services. Abruf unter: https://datajusticelab.org/2018/12/06/data-scores-as-governance-final-report-published/ [15.09.20]

Devliegere, J. and Gillingham, P. (im Druck): Transparency in social services settings: a critical exploration and reflection. The British Journal of Social Work

Djeffal, C. 2018: Normative Leitlinien für künstliche Intelligenz in Regierung und öffentlicher Verwaltung. In R.Mohabbat Kar, B. E. P. Thapa, & P. Parycek (Hrsg.), (Un)berechenbar? Algorithmen und Automatisierung in Staat undGesellschaft (S. 493-415). Berlin: Fraunhofer-Institut für Offene Kommunikationssysteme (ÖFIT). https://nbn-resolving.org/urn:nbn:de:0168-ssoar-57618-7

Drake, B. and Jonson-Reid, M. 2018: Administrative Data and Predictive Risk Modelling in Public Child Welfare: Ethical Issues Relating to California. Verfügbar unter: http://www.caichildlaw.org/Misc/Ethical_Review_of_Predictive_Risk_Modeling.pdf [15.09.20]

Eubanks, V. 2018: Automating inequality. How high-tech tools profile, police and punish the poor. New York

Gillingham, P. 2020b: The development of algorithmically-based decision-making systems in children's protective services: is administrative data good enough? The British Journal of Social Work, 50, 565-580

– 2020a: Algorithmically based decision support tools: skeptical thinking about the inclusion of previous involvement. Practice: Social Work in Action. https://doi.org/10.1080/09503153.2020.1749584

– 2019b: Algorithms, social policy, social justice and social work: principles of algorithmic accountability. Practice: Social work in action, 31, 4,1-14

– 2019a: Can predictive algorithms assist decision making in social work with children and families? Child Abuse Review. DOI: 10.1002/car.2547

– 2017: Predictive risk modelling to prevent child maltreatment: insights and implications from Aoteaora/New Zealand. Journal of Public Child Welfare, 11, 2, 150-165

– 2016: Predictive risk modelling to prevent child maltreatment and other adverse outcomes for service users: inside the „black box" of machine learning. The British Journal of Social Work, 46, 1044-1058

– 2009: The use of assessment tools in child protection: an ethnomethodological study. University of Melbourne. http://repository.unimelb.edu.au/10187/4337

Gloor, L. 2017: Data mining program designed to predict child abuse proves unreliable, DCFS says, Chicago Herald Tribune, 6 December 2017. Abruf unter: https://amp.flipboard.com/@chicagotribune/data-mining-program-designed-to-predict-child-abuse-proves-unreliable-dcfs-says/f-4ac95e9127%2 Fchicagotribune.com [15.09.20]

Jones, N. 2015: Anne Tolley scraps 'lab rat' study on children, New Zeeland Herald [30. Julki 2015. Abruf unter: https://www.nzherald.co.nz/nz/news/article.cfm? c_id=1&objectid=11489293 [02.09.20]

Keddell, E. 2015: 'The ethics of predictive risk modelling in the Aotearoa/New Zealand child welfare context: Child abuse prevention or neo-liberal tool?' Critical Social Policy 35(1), 69-88

Kutscher, N., Ley, T.; Seelmeyer, U. 2020: Handbuch Soziale Arbeit und Digitalisierung. Wiesbaden

Leslie, D., Holmes, L., Hitrova, C. and Ott, E. 2020: Ethics review of machine learning in children's social care. What Works for Childen's Social Care/Turing Institute/Rees Centre, University of Oxford. Abruf unter: https://whatworks-csc.org.uk/research-report/ethics-review-of-machine-learning-in-childrens-social-care/ [15.09.20]

Macchione, N., Wooten, W., Yphantides, N.; Howell, J. R. 2013: Integrated health and human services information systems to enhance population-based and person-centered service', American Journal of Preventive Medicine, 45(3), 373-4

Martini, M. 2017: Algorithmen als Herausforderung für die Rechtsordnung. JuristenZeitung, 72(21), 1017-1025

Ministry of Social Development 2014a: Final report on feasibility of using predictive risk modelling. Ministry of Social Development: Wellington, New Zealand. Abruf unter: https://www.msd.govt.nz/documents/about-msd-and-our-work/publications-resources/research/predictive-modelling/00-feasibility-study-report.pdf [15.09.20]

Ministry of Social Development 2014b: The feasibility of using predictive risk modelling to identify new-born children who are high priority for preventive services – companion technical report. Ministry of Social Development: Wellington, New Zealand. Abruf unter: https://www.msd.govt.nz/documents/about-msd-and-our-work/publications-resources/research/predictive-modelling/00-feasibility-study-report.pdf [15.09.20]

Salganik, M. J. 2018: Bit by Bit: Social Research in the Digital Age, Princeton

Sanders, M., Lawrence, Gibbons, D. and Calcraft, P. 2017: Using Data Science in Policy: A Report by the Behavioural Insights Team, London, Behavioural Insights Team. Abruf unter: https://www.bi.team/publications/using-data-science-in-policy/ [15.09.20]

Schneider, D.; Seelmeyer, U. 2019: Challenges in Using Big Data to Develop Decision Support Systems for Social Work in Germany, Journal of Technology in Human Services, DOI: 10.1080/15228835.2019.1614513

Scholz. T.M. 2019: Big data and human resource management. In J.S. Pedersen; Wilkinson A. (Hg.), Big data: promise, applications and pitfalls. Northampton, 69-89

Schrödter, M., Bastian, P., Taylor, B. 2020: Risikodiagnostik und Big Data Analytics in der Sozialen Arbeit. In: N. Kutscher, T. Ley, U. Seelmeyer, et al. (Hrsg.) Handbuch Soziale Arbeit und Digitalisierung. Wiesbaden: Beltz. 255-264

Schroedter, M., Bastian, P.; Taylor, B. 2018: Risikodiagnostik in der Sozialen Arbeit an der Schwelle zum „digitalen Zeitalter" von Big Data Analytics. Preprint.. doi:10.13140/RG.2.2.22119.14240

Sheridan, E. 2019: 'Town Hall drops pilot programme profiling families without their knowledge.' Hackney Citizen (Oktober 30, 2019)

Stoltenborgh, M., et al. 2015: The prevalence of child maltreatment across the globe: Review of a series of meta-analyses, Child Abuse Review, 24(1), 37-50

TCC Group 2013: Peer Review Report 1. Abruf unter: http://www.msd.govt.nz/documents/about-msd-and-our-work/publications-resources/research/predictive-modelling/feasibility-study-schwartz-tcc-interim-review.pdf [15.09.20]

Vaithianathan, R., Maloney, T., Putnam-Hornstein, E. and Jiang N. 2013: Children in the public benefit system at risk of maltreatment: Identification via predictive modelling. American Journal of Preventative Medicine 45(3), 354-359

USACM 2017: Statement on Algorithmic Transparency and Accountability. US Association for Computing Machinery Public Policy Council (USACM). Verfügbar unter:https://www.acm.org/binaries/content/assets/public-policy/2017_usacm_statement_algorithms.pdf [15.09.20]

Wijenayake:, Graham, T. and Christen, P. 2018: A decision tree approach to predicting recidivism in domestic violence, Presented at the Big Data Analytics for Social Computing (BDASC) workshop held at the Pacific-Asia Conference on Knowledge Discovery and Data Mining (PAKDD'18), Melbourne, Australia, June 2018. Verfügbar unter: https://arxiv.org/abs/1803.09862 [15.09.20]

Wolff 2004: Dokumenten- und Aktenanalyse. In U. Flick u.a. (Hrsg.), Handbuch qualitative Sozialforschung. Grundlagen, Konzepte, Methoden und Anwendungen (2. Aufl.). Weinheim. 503-514

Zweig, K. A. 2019: Algorithmische Entscheidungen: Transparenz und Kontrolle. Analysen und Argumente, 1-16

*Philip Gillingham, 18 Mukine Street, Jindalee, Queensland 4074, Australia*
*E-Mail: p.gillingham@uq.edu.au*

*Timo Ackermann, Mariannenstr. 48, 10997 Berlin*
*E-Mail: ackermann@ash-berlin.eu*

Matthias Stein

# Auswirkungen der Digitalisierung auf die Profession der Sozialen Arbeit im ASD am Beispiel von Hamburg[1]

In ihrem Beitrag „Von der analogen Lebenswelt zum digitalen Raum" im Rahmen der regelmäßig erscheinenden IT News der Hamburger Verwaltung, formulierten die AutorInnen: „Digitale Räume bilden Veränderungen in der Gesellschaft ab und machen deutlich, welche Chancen der digitale Wandel eröffnet" (Gerken/ Wieckmann 2019). Für den hier interessanten Gegenstandsbereich des ASD als gesellschaftliches, in einer Verwaltungsstruktur verortetes Subsystem hat sich insbesondere der Schutzauftrag in der Hamburger Kinder- und Jugendhilfe infolge von mehreren tragisch verlaufenden Fällen und deren mediale und politische Aufarbeitung/Skandalisierung (vgl. u.a. Biesel 2019: 17 ff.), zu einem kontrollorientierten Gefahrenabwehrkonzept entwickelt, welches sich in den Regelwerken und der 2012 eingeführten Software der Hamburger Jugendhilfe JUS IT[2] manifestiert hat.

Diese Schutzorientierung bzw. das Gefahrenabwehrkonzept in der Kinder- und Jugendhilfe hat zur Folge, dass die Identifikation potentieller Gefahren im Vordergrund steht. Diese Entwicklung „führt bei den Kontrollpraktiken zu einem erhöhten managerialen Zugriff auf die Arbeitspraktiken durch eine vermehrte Formalisierung" (Klatetzki 2017: 6). Die Formalisierung hat in der Hamburger Jugendhilfe mit der Einführung der Fachanweisung ASD bzw. deren Anlagenband, mit den Funktionsbereichen Eingangs- (EM), Fall- (FM), Netzwerkmanagement

---

1 Als Grundlage für diesen Artikel diente mein geplanter Beitrag zum Forum Digitalisierung für den ASD Bundeskongress 2019 „Update oder Setup? ASD in gesellschaftlichen Umbrüchen". Im Folgenden ist es mein Anliegen, die Auswirkungen des IT Verfahrens, welches in den Hamburger Allgemeinen Sozialen Diensten (ASD) der Jugendämter genutzt wird, aus der Perspektive eines Professionellen der Sozialen Arbeit zu betrachten und zu bewerten.

2 JUS IT, steht für IT – Lösung Jugend und Soziales (vgl. Vereinbarung nach § 93 des Hamburgischen Personalvertretungsgesetzes zwischen der FHH und dem dbb Hamburg und dem Deutschen Gewerkschaftsbund – Bezirk Nord vom 11.08.2010).

**Widersprüche**. Verlag Westfälisches Dampfboot, Heft 158, 40. Jg. 2020, Nr. 4, 81 – 96

und der Einführung eines Qualitätsentwicklungsmanagements aus der DIN EN ISO 9001 Reihe[3], der Einrichtung der Jugendhilfeinspektion (JI) und deren gesetzliche Verankerung im AG SGB VIII einen vorläufigen negativen Höhepunkt erreicht. „Diese vermehrte Formalisierung lässt sich zudem praktisch mit dem Einsatz von Computern verbinden (‘Digitalisierung’), mit der Folge, dass es zu einer zunehmenden Quantifizierung des Sozialen kommt“ (Klatetzki 2017: 6).

Interessanterweise nutzen die AutorInnen der o.g. IT News zur Darstellung der Transferleistungen in der Umsetzung der analogen Lebenswelten in den digitalen Raum den Begriff des „Abbilden[s]“. Ein Ansatz der materialistischen Dialektik, die in der Version von Marx auch die Entfremdungstheorie, der wir uns zu einem späteren Zeitpunkt zuwenden werden, beinhaltet, ist das Widerspiegelungstheorem[4]. Kern dieses Ansatzes ist es, den erkenntnistheoretischen Realismus mittels Spiegel zu begründen. So soll das „eine materielle Seiende (der Spiegel) die Eigenschaft habe[n] und durch sie definiert sei[n], andere materielle Seiende und ihre Relationen (das Bespiegelte) abzubilden. Die Vermittlung zwischen Denken und Sein gründet dann in der Verfassung des Seins selbst, das reflektiert“ (Holz 2005:17)[5]. Die hier thematisch aufgenommene Problematik beschreibt Engels als die *Grundfrage der Philosophie*, nämlich das Verhältnis von Denken und Sein (vgl. Holz 2005: 60; Engels, MEAW VI: 276). „Ist unser Denken im Stande, die wirkliche Welt zu erkennen, vermögen wir in unseren Vorstellungen und Begriffen von der wirklichen Welt ein richtiges Spiegelbild der Wirklichkeit zu erzeugen?“ (Engels, MEAW VI: 277). Diese Fragen sind in der Sozialen Arbeit im Allgemeinen und im Kinderschutz im Besonderen hoch relevant. Zum Teil weisen Diagnostikverfahren erhebliche Inkonsistenzen auf[6]. Das Problem in Bezug

---

3 In der ISO 9001 Reihe geht es laut dem TÜV Nord u.a. um die Verringerung von Streuung und Verschwendung, Ermittlung und Überwachung qualitätsbezogener Kosten, Produkthaftung und Produktsicherheit, kontinuierliche Verbesserung und Fehlerprophylaxe. Als Vorteile bewertet der TÜV Imagegewinn, Risikominimierung, Hinweise auf Verbesserungsmöglichkeiten und Sparpotentiale und eine höhere Zufriedenheit von Kunden und von Mitarbeitenden (vgl. TÜV Nord).

4 Im Materialismus werden Denken und Sein als unterschiedene Momente der materiellen Wirklichkeit aufgefasst (vgl. Sorg 2018: 217).

5 Für eine Darstellung des Diskurses im Kontext der der „Spiegelungs-Metapher“ vorgehaltenen Kritik der Passivität des Spiegels (oder der nicht berücksichtigten Spontaneität des Subjekts), wird auf die Ausführungen von Holz (Holz 2005: 346, Fn. 34; S. 502 f.) und Sorg (Sorg 2018: 220, Fn. 78) verwiesen.

6 Ein Beispiel dafür ist die Hamburger Anwendung einer z.T. idealistisch geprägten sozialpädagogischen Diagnostik im freiwilligen Bereich (die Lebenswelt, ggf. Pseudo-

auf JUS IT ist, dass der digitale Raum als Abbild selbst aber ein, wenn überhaupt, semiotisches System ist, welches nur mittels bzw. in einem menschlichen Gehirn seine Information/Erkenntnis entwickeln kann. In einer Anwendung für die ASD Praxis entsteht daraus bereits auf der operativen bis hin zu den unterschiedlichen Steuerungsebenen das Problem der veränderten Referenzsysteme. Das Abbild als erkenntnistheoretische Konstruktion, welches in den Gehirnen der SozialpädagogInnen der unterschiedlichen Ebenen gebildet wird und Ausgangspunkt relevanter fachlicher Entscheidungen ist, beruht nicht mehr auf einem wirklichen, sondern auf einem bereits doppelt konstruierten (begrifflichen) System (JUS IT), welches ggf. kaum mit der realen Welt übereinstimmt. Nicht mehr die konkrete Interaktionen mit den betroffenen Personen und ihren Bezugssystemen stehen im Fokus, sondern die in JUS IT durch die Fachkräfte eingearbeiteten Informationen und deren Kategorisierung werden relevant, wobei die Kategorien bereits Auswirkungen auf die vorherige konkrete Interaktionen der Fachkräfte mit den Familien haben. So ist das Risiko hoch, dass in den persönlichen Kontakten mit den Klienten, z.B. bei Hausbesuchen, nur die Sozialdaten erhoben werden, die in der KWG Diagnostik[7] aufgeführt werden. Eine umfassendere professionelle Problem- und Ressourcenanalyse findet dann kaum statt.

Dieser Prozess soll nun näher betrachtet werden. Um meine Argumentation nachvollziehen zu können, ist eine kurze theoretische Verortung des Gegenstandes der Sozialen Arbeit vorzunehmen. Ich folge dem systemtheoretischen Paradigma der Disziplin und Profession der Sozialen Arbeit. Im Verständnis des Paradigmas sind der Gegenstand der Sozialen Arbeit soziale Systeme mit menschlichen Individuen als Komponenten und menschliche Individuen als Komponenten sozialer Systeme. Im Fokus steht dabei die Lösung praktischer Probleme, verstanden als Probleme der Bedürfnisbefriedigung (vgl. Obrecht 2001: 94). Die Bedürfnisbefriedigung ist dabei von zentraler Relevanz, da, so die hier vertretene These, diese durch die grundlegenden Entwicklungen im kapitalistischen Gesellschaftssystem und aufgrund der Anpassungsleistungen durch die Expansion der kapitalistischen Grundprinzipien im Kontext des Neoliberalismus (z.B. über die „neue Steuerung"), zu denen vor allem auch die oben genannten Steuerungsinstrumente

---

konkretheit der Klienten ist Hauptreferenz), die im Widerspruch steht mit einer durch ASD Fachkräfte objektiv erkennbaren Realität im Bereich des Kinderschutzes. Die Kategorien freiwilliger und Kinderschutzbereich werden der Komplexität der Realität nicht gerecht.

7 Gemäß dem Hamburger Regelwerk ist von den ASD Fachkräften der Stuttgarter Kinderschutzbogen zu nutzen.

inklusive der Software JUS IT zählen, nun auch auf dem Sektor der alltäglichen Sozialen Arbeit im ASD als Dienstleistung, nicht mehr der Hauptgrund der menschlichen Interaktion zu sein scheint. Wie Werner Obrecht bereits 2003 im Kontext einer Fachtagung feststellte, hat die Soziale Arbeit „zwei äusserst starke und untereinander verbündete äussere Gegner erhalten: Sowohl der *Bürokratismus* des neoliberalen New Public Managements, der die Definitionsmacht der Sozialen Arbeit dadurch zu brechen versucht, dass er sie in eine für Professionalität zerstörerische Konkurrenz auf einem Pseudomarkt zu zwingen versucht, als auch die *Politik*, die inzwischen die Soziale Arbeit als ein Feld von Fragen entdeckt hat, für das sie sich fachlich für zuständig hält (z.B. Völker 2003), bedrohen die weitere Entwicklung der Sozialen Arbeit als Profession" (Obrecht 2003: 23)[8].

Karl Marx beschrieb diese Entwicklung in den philosophisch ökonomischen Schriften von 1844 als Entfremdung. Elmar Treptow fasst es so zusammen: „[...] aus dem Dargestellten ergibt sich, dass Marx Entfremdung gleichsetzt mit einer *speziellen Herrschaft* über Menschen oder einer speziellen Subjekt-Objekt-Verkehrung (Verobjektivierung) und Negation der Selbstbestimmung, der Freiheit, nämlich mit der unmittelbaren *sachlichen Herrschaft* über Menschen in der vorkapitalistischen und kapitalistischen Warengesellschaft (Treptow 2018: 29)".

Ein Ausgangspunkt ist für Marx dabei die mit der Häufung des Kapitals einhergehende Teilung der Arbeit[9]. „Der Gegenstand, den die Arbeit produziert, ihr Produkt, tritt ihr als ein *fremdes Wesen*, als eine von dem Produzenten *unabhängige Macht* gegenüber. Das Produkt der Arbeit ist die Arbeit, die sich in einem Gegenstand fixiert, sachlich gemacht hat, es ist die Vergegenständlichung der Arbeit" (Marx, MEAW I: 83 f.).

Neben diesem Verhältnis des Arbeiters zum Produkt seiner Arbeit zeigt sich die Entfremdung auch im Verhältnis der Arbeit zum Prozess der Produktion (vgl. Marx, MEAW I: 87). Diese beiden ersten Ebenen der Entfremdung der SozialpädagogInnen des ASD sind erkennbar an der Datenerhebung und -eingabe in das Fachverfahren JUS IT und der Zerlegung der Fallbearbeitung in das EM, FM und die jeweiligen Ablaufprozesse des QMS nach DIN EN ISO. Das Produkt der

---

8 Als ein relevantes Beispiel dafür kann der Parlamentarische Untersuchungsausschuss Yagmur genannt werden (siehe Bürgerschaft der Freien und Hansestadt Hamburg Drs. 20/14100).

9 Die Arbeitsteilung in den Hamburger ASD Abteilungen hat mit der Einführung der oben bereits erwähnten Fachanweisung ASD mit den Funktionsbereichen Eingangs-, Fall- und Netzwerkmanagement eine weitere Ausdifferenzierung mit dem Ziel einer genaueren Steuerung und besseren Ressourcenausnutzung erfahren.

Arbeit ist somit nicht mehr die Lösung und/oder Linderung sozialer Probleme der betroffenen Kinder und ihrer Eltern, sondern der „kostenverursachende" Datensatz, an welchem die Quantität und die Qualität der Arbeit im ASD gemessen wird/werden soll. So wird bei internen Audits im Rahmen des QMS oder Kontrollen durch die ASD-Leitungen im Rahmen der Dienst- und Fachaufsicht beispielsweise nur überprüft, ob Dokumente wie der hilfebegründende Bericht oder die Diagnostikinstrumente in JUS IT als Nachweis für den Vollzug eines Prozesses hinterlegt sind. Eine inhaltliche sozialpädagogische Betrachtung findet insbesondere während der Audits jedoch nicht statt. Auch werden zunehmend innerhalb der Sozialbehörde und durch die Hamburger Jugendämter regelmäßig Abfragen an die fachliche Leitstelle JUS ITs zu einzelnen Themen, wie z.B. zu den Hilfeplangesprächen (HPG) gem. § 36 SGB VIII oder den KiTa-Vereinbarungen, gestellt und den Leitungen die Ergebnisse zu Steuerungszwecken zugeliefert. Fragen zur Qualität der HPGs oder zu Gründen, warum diese nicht in JUS IT vorliegen oder warum sie in der Realität nicht durchgeführt wurden, werden jedoch nicht systematisch erhoben oder – viel wichtiger –, gemeinsam mit den Betroffenen erörtert. Auch gibt es mittlerweile Hinweise, die vermuten lassen, dass die von den Personalräten eingeforderten Meldewege nicht eingehalten werden und somit die jeweiligen Führungsebenen überprüfen können, wie einzelne MitarbeiterInnen gearbeitet haben – auch hier ohne, dass diese davon wissen.

Auf der dritten Ebene, abgeleitet von den ersten beiden Ebenen, entfremdet sich der Mensch vom Gattungswesen, also seiner Natur, seinem geistigem Gattungsvermögen (vgl. Marx, MEAW I: 90) und auf der vierten Ebene wiederum vom Menschen selbst.

Michael Quante drückt es zusammenfassend so aus: „Das Gattungswesen des Menschen würde nur realisiert, wenn beide die Bedürftigkeit des anderen zum genuinen Zweck ihrer Produktion gemacht hätten" (Quante 2018: 40). „Eigentlich [...] besteht die Würde des Menschen gerade darin, dass die Bedürftigkeit um ihrer selbst willen anerkannt wird und die Bedürftigkeit des Anderen für mich unmittelbares Motiv zur Interaktion ist" (Quante 2018: 42). Insbesondere die Befriedigung der Bedürfnisse[10] der betroffenen Kinder und ihrer Eltern ist aber der genuine Zweck der Sozialen Arbeit.

Zu berücksichtigen ist hierbei, dass Marx diesen Ansatz aus der kapitalistischen Produktionsweise abgeleitet hat, der hier relevante Bereich wird jedoch dem Dienstleistungssektor zugeordnet. Rahele Jaeggi merkt deshalb konsequenterweise an:

10 Siehe biopsychosoziale Theorie menschlicher Bedürfnisse (Obrecht 2005).

„Bei Dienstleistungen beispielsweise haben wir es nicht mehr mit der Herstellung eines Produktes zu tun, sodass diese (auch dem Ideal nach) nicht mehr als produktiv-schöpferische „prometheische" Tätigkeiten verstanden werden können. Hier lohnt es sich über eine „prozessuale Umstellung" nachzudenken – eine Umstellung auf das *Wie* der Tätigkeit" (Jaeggi 2016: 318). Im Arbeitsfeld des ASD ist von Bedeutung, dass die KlientInnen im dienstleistungsorientierten Jugendamt nicht ein fertiges Produkt erwerben, sondern dieses im Rahmen einer Zusammenarbeit mit den unterstützenden Fachkräften selbst als „Ko-Produzenten" erschaffen. Als Ko-Produzenten wurden sie vom Gesetzgeber mit Auswahl- und Beteiligungsrechten wie im § 5 SGB VIII (Wunsch- und Wahlrecht), § 36 SGB VIII (Beteiligung bei der Hilfeplanung), § 8 SGB VIII (Beteiligung von Kindern) und auch im § 8a SGB VIII (Einbezug Erziehungsberechtigten und der betroffenen Kinder- und Jugendlichen in den Prozess der Gefährdungseinschätzung) ausgestattet. Untersuchungen zeigen allerdings, dass insbesondere im Bereich der Beteiligungsrechte von Kindern im Kinderschutz, Defizite in den Jugendämtern und Familiengerichten vorliegen und Kinder und Jugendliche übergangen oder nicht ausreichend beteiligt werden (vgl. bspw. Münder u.a. 2017: 447 ff.; Biesel u.a. 2019: 197).

Zur genaueren Bestimmung der oben im Kontext der Entfremdung erwähnten Prozesse, wird im Folgenden die Rolle JUS ITs bei den Veränderungen in der Hamburger Kinder und Jugendhilfe betrachtet. Nach meiner Auffassung handelt es sich bei JUS IT nicht wie oftmals, zum Beispiel im Kontext der Enquete-Kommission „Kinderschutz und Kinderrechte weiter stärken" thematisiert, um eine digitales Dokumentationssystem (vgl. Bürgerschaft der Freien und Hansestadt Hamburg Drs. 21/16000: 73 ff.), sondern um eines der wirkmächtigsten Steuerungssysteme in der Hamburger öffentlichen Kinder- und Jugendendhilfe.

In einer Drucksache der Hamburgischen Bürgerschaft wurde 2010 auf einen Kontrakt zwischen der Finanzbehörde, der Behörde für Soziales, Familie, Gesundheit und Verbraucherschutz und den Bezirksämtern verwiesen, der das Ziel hatte, die Ausgaben im Bereich der Hilfen zur Erziehung strukturell und nachhaltig zu begrenzen[11]. „Zwei der wesentlichen Maßnahmen sind die Optimierung der Steuerung in den Hilfeverläufen und die verstärkte Nutzung von Angeboten

---

11 Das Vorhaben/Ziel der Kostenbegrenzung hat sich auch mit Einführung von JUS IT nicht realisieren lassen. 2018 wendete Hamburg 267 Mio. Euro (Gesamtausgabe für die Kinder und Jugendhilfe lag bei 1,39 Mrd. Euro) für die Hilfen zur Erziehung auf (vgl. Statistisches Amt für Hamburg und Schleswig- Holstein Nr. 148/2019). 2012 lagen die Kosten für die HzE bei 244 Mio. Euro und die Gesamtausgaben bei 893 Mio. Euro (vgl. Statistisches Amt für Hamburg und Schleswig- Holstein Nr. 208/2013).

der Familienbildung und der sozialräumlichen Angebote durch den ASD. Die wirksame Umsetzung dieser Maßnahmen benötigt eine IT-Unterstützung, die die Hilfeplanung inkl. Ziel-, Maßnahmen- und Verlaufsplanung sowie eine zentrale Verwaltung der Angebote enthält" (Bürgerschaft der Freien und Hansestadt Hamburg Drs. 19/7712 2010: 4). Anhand dieser Ausführungen wird der Zweck des Programms deutlich. Primär soll JUS IT offensichtlich kein Instrument der Fachkräfte sein, welches diese in der alltäglichen Arbeit im ASD unterstützen und zugleich den Dokumentationsvorgaben zur Überprüfbarkeit staatlichen Handelns durch die Betroffenen selbst oder durch Gerichte gewährleistet. Die am Programm geäußerte Kritik, zum Beispiel durch mich oder eine Jugendamtsleitung im Kontext einer Zeugenanhörung im parlamentarischen Untersuchungsausschuss (PUA) Yagmur, die im Wesentlichen zum Inhalt hatten, dass JUS IT zwar in sich logisch aufgebaut, aber ohne ausreichende Berücksichtigung der Realität und professionellen Aspekten entwickelt worden sei (vgl. Bürgerschaft der Freien und Hansestadt Hamburg Drs. 20/14100 2015: 233), fand und findet keine Resonanz.

Die erwähnte Wirkungsmacht von JUS IT lässt sich beispielsweise an einer Äußerung Prof. Schrappers im PUA Yagmur ableiten. Im Bericht des PUA ist dazu auch Folgendes zu lesen: „Der sachverständige Zeuge Schrapper sah in seiner Vernehmung vor dem Ausschuss JUS IT ebenfalls als problematisch an, führte allerdings auch aus, dass 'JUS IT quasi zum Mülleimer für alle anderen Probleme' geworden sei. Mögliche Probleme aus den Dimensionen des Programms müsse man jetzt pragmatisch lösen, indem unter Ausklammerung der Grundsatzfrage in der Umsetzung Schwerpunkte für praktische Lösungen gesetzt würden. Trotz der Probleme müsse man aber jetzt mit diesem Zustand leben" (Bürgerschaft der Freien und Hansestadt Hamburg Drs. 20/14100 2015: 235).

Diese Äußerung ist nicht verwunderlich, da über die Software die Regelwerke und deren Kontrolle handlungsrelevant werden. So wird vom System die Tätigkeit der ASD-Fachkräfte „programmatisch" gelenkt und erst erkennbar bzw. gewertet (auch in Bezug auf das Personalbemessungssystem), wenn es dazu einen Vorgang in JUS IT gibt. Allein dieser Umstand ist aus einer materialistischen Wirklichkeitstheorie heraus betrachtet hoch problematisch.

Als Referenzsystem dient damit kein konkretes, sondern ein semiotisches System (siehe oben). Lohnenswert kann auch eine Betrachtung dieses Prozesses unter der Anwendung der Entfremdungstheorie sein. Marx verwendete mehrfach statt den bereits oben erwähnten Begriff der Entäußerung, den Begriff der Transsubstantion. „In der Versachlichung der Person und der entsprechenden Personifizierung oder Verlebendigung der Sachen besteht aber für Marx gerade die Entäußerung oder Entfremdung" (Treptow 2018: 59). Ein vergleichbarer

Prozess läuft im ASD ab, wenn infolge der Interaktionen mit den Betroffenen die ASD-Fachkräfte alle relevanten Daten, Arbeitsvorgänge in JUS IT einarbeiten (müssen). Mit der Eingabe wird nicht der betroffene Mensch relevant, sondern der Datensatz und die damit verknüpfte ASD-Fachkraft.

Die konkrete individuelle Arbeit mit den KlientInnen findet damit keine Anerkennung im dienstleistungsorientierten bürokratischen Jugendamt. Für Marx ist der unentfremdete Mensch Herr seiner Schöpfung (in diesem Fall die Datensätze in JUS IT). Durch eine/diese Verkehrung können die Menschen ihre Praxis nicht kontrollieren und werden von ihrem Produkt in ihrer materiellen und geistigen Tätigkeit beherrscht (vgl. Treptow 2018: 60 f.), hier die Software JUS IT mit dem *koproduzierten* Datensatz, wobei der Begriff koproduziert sich auf die Interaktion zwischen der ASD-Fachkraft und der KlientIn und die Dateneingabe durch die ASD-Fachkraft in ein Objekt, das dann zum Subjekt wird, bezieht. Eine direkte interpersonelle Kommunikation tritt durch die Nutzung JUS ITs und von E-Mail-Verkehren hinter eine indirekte digitale Kommunikation zurück. Verwaltungsaufgaben und vor allem digitale Dokumentation binden in der Selbsteinschätzung der ASD-Fachkräfte zunehmend mehr zeitliche und kognitive Ressourcen der Fachkräfte zu Lasten anderer sozialpädagogischen Arbeiten (vgl. Kindler/Arbeitsstab 2018: 24). Dokumentation ist Teil der professionellen Tätigkeit im ASD, dennoch ist Stefanie Büchners Feststellung zutreffend, wonach es hier zu einer Entkopplung kommen kann.

> „Fertigkeiten in der Erstellung und Pflege von Dokumentationen können weit ausgebildet sein, während Kompetenzen zur interaktionsgesättigten Arbeit mit Klient/inn/en, etwa der Umgang mit Scham und Aggression oder der Aufbau vertrauensvoller und belastbarere Arbeitsbeziehungen, nur gering ausgeprägt sind" (Büchner 2018: 373 f.).

Das Hamburger Jugendhilfesystem befördert eine solche Entkopplung und belohnt die Pflege der digitalen Dokumentation. Dabei wurde beispielsweise in einer Evaluation zur Wirkungsorientierung empirisch bestätigt, dass „die Qualität des Arbeitsbündnisses/der pädagogischen Beziehung" (Albus u.a. 2010: 157) zwischen den Betroffenen und der Fachkraft einen wichtigen Wirkfaktor darstellt. Trotz Kritik der Fachbasis (vgl. Landesarbeitsgemeinschaft ASD Hamburg 2018: 3 und 2019: 2) und der Empfehlung der Enquete-Kommission, die Beziehungsarbeit zu (ver)stärken (vgl. Bürgerschaft der Freien und Hansestadt Hamburg Drs. 21/16000: 49), führt der Senat in seiner Stellungnahme aus: „Eine Veranlassung, Beratungs- und Beziehungsarbeit des ASD durch das Instrument der Personalbemessung weiter zu profilieren, wird vor diesem Hintergrund zurzeit nicht gesehen" (Bürgerschaft der Freien und Hansestadt Hamburg Drs. 21/18560: 13).

Die Kombination aus JUS IT, der Fachanweisung ASD, deren Anlagenband und prozessuale Ausgestaltung innerhalb der verbindlichen Vorgaben im DIN EN ISO QM System führen dann in der Einzelfallbearbeitung und auf den höheren Systemebenen zu einer Eigendynamik[12] in der Bearbeitung der Fälle und der Organisation der Arbeit in den ASD-Abteilungen.

> „Entwicklungen, die eine Eigendynamik haben, scheinen sich – analog zu natürlichen oder biologischen Abläufen – 'von selbst' zu ergeben. [...] Eigendynamik (beschreibt) ein Geschehen ohne Akteur, ein Geschehen, das sich hinter seinem Rücken oder durch ihn hindurch ereignet“ (Jaeggi 2016, 85).

> „Ausschlaggebend für die Entfremdungsdiagnose im hier entwickelten Sinn ist also, dass man ein Geschehen, das man prinzipiell beeinflussen kann (oder beeinflussen sollte), so erfährt, als sei es unbeeinflussbar, dass etwas Entscheidbares sich darstellt, als sei es gar kein Objekt von Entscheidung“ (Jaeggi 2016: 87)[13].

Einen Hinweis auf die von Marx skizzierte Verkehrung findet sich im Bericht zur Beteiligungswerkstatt, welche als qualitative Sozialforschung im Auftrag der Enquete-Kommission durchgeführt wurde, um die Erfahrungen der von der Jugendhilfe Betroffenen einzuholen, wieder.

> „Wie eine 'Nummer' behandelt zu werden, dies stellt eine häufig von den Eltern problematisierte Erfahrung dar. Versprachlicht wird damit das Erleben, abgefertigt, ohne Ansehen der Besonderheiten der jeweils spezifischen Subjektivität und Lebenssituation behandelt zu werden" (Ackermann/Robin 2018: 46).

Interessant ist dabei, dass die Wahrnehmung der Eltern mit der Realität übereinstimmt, denn faktisch wird, wie oben bereits angedeutet, mit der Eingabe der Sozialdaten aus den Individuen mit bestimmten praktischen Problemen eine Fallreferenznummer in JUS IT, die wiederum mit einer Kategorie der Fallbearbeitungstiefe und einem Ablauf der Fallbearbeitung zugeordnet wird. Die Regelanwendung des Anlagenbandes zur Fachanweisung ASD, die QMS-Prozesse und JUS IT führen dann dazu, dass ggf. praktische Fragen durch die Fachkräfte nicht erkannt werden, denn „das Stellen praktischer Fragen [setzt] die Existenz eines Handlungs- und Möglichkeitsraums voraus“ (Jaeggi 2016: 89). Paradoxerweise kann sich jedoch in einem für Fehler so risikobehafteten Handlungsfeld wie dem des ASD eine durch standardisierte Regelwerke und deren Softwareumsetzung eintretende Reduzierung des Handlungsraums stabilisierend auf die Mitarbei-

---

12 Hintergrund ist wahrscheinlich die Quantifizierung der Arbeit im ASD. Qualitative Aspekte der Fallbearbeitung treten in den Hintergrund.

13 So äußerte sich ein Kollege des Verfassers in einer Besprechung zu den Themen des Regelwerks und JUS ITs: „Das ist wie gottgegeben.“

terInnen auswirken. Dabei bleibt jedoch aufgrund erster Forschungsergebnisse festzustellen: „Standardisierung, die nicht reflexiv, sondern als Instrument zum Abbau von Unsicherheiten genutzt wird, trägt dazu bei, das Gewicht fachlicher Einschätzungen zu schmälern oder gar zu ersetzen und begünstigt die Einschränkung professioneller Gestaltungsspielräume“ (Klomann 2019: 13).

Auch eine Anwendung der 3. Marxschen Feuerbach-These, gedacht als Kritik an früheren materialistischen Auffassungen, stellt sich in einer Anwendung bei der Analyse der aktuellen Situation als erkenntniserweiternd heraus. Mit Richard Sorgs Worten könnte man es auch als die Dialektik von Verhalten und Verhältnissen (vgl. Sorg, 2018: 118) bezeichnen. Die Auffassung, dass die Menschen erst durch die Sozialisation verändert werden müssten, bevor sie die Verhältnisse verändern, ist für Karl Marx zu undialektisch (vgl. Marx MEAW I: 199). Wirkliche Veränderungen seien erst in einer revolutionären Praxis möglich, in der zeitgleich die Menschen und die Verhältnisse verändert würden.

Wir als SozialpädagogInnen (auch mit einem erzieherischen Auftrag) werden durch die Führungspraktiken (mittels direkter[14] und indirekter Kontrolle vor allem unter Verwendung digitaler Medien) selbst erzogen und geben das Gelernte an die Betroffenen weiter. Interessant ist, dass mittlerweile auch SozialpädagogInnen in Hamburg in einem dienstherreneigenen dualen Studiengang „Soziale Arbeit im öffentlichen Dienst“ (siehe Bürgerschaft der Freien und Hansestadt Hamburg Drs. 21/18560: 16) im Sinne des Systems sozialisiert werden. Im Bereich der Forschungen zum Themenkomplex sozialpädagogische Urteilsfindung führt beispielsweise Pascal Bastian aus, dass Studien im Kinderschutz oftmals von einer Trennung von Inneren Bedingungen der Fachkräfte, wie der Entscheidungskompetenz, und äußeren Bedingungen, wie der Organisation, dem politischen Diskurs, Berichte über Todesfälle, ausgehen. Diese Konstruktion sei aber aufgrund gegenseitiger Abhängigkeiten und Querverweise für eine Betrachtung der Praxis nicht hilfreich (Bastian, 2019: 69 f.). Von den SozialpädagogInnen in den Hamburger ASD wird eine Anpassung an das System erwartet und keine Integration. Paulo Freire beschreibt den Unterschied folgendermaßen:

> „Integration resultiert aus der Fähigkeit, sich der Realität anzupassen, und zugleich aus der kritischen Befähigung, eine Auswahl zu treffen und diese Realität zu transformieren. In dem Maß, wie der Mensch seine Fähigkeit zur Auswahl verliert und

---

14 Aktuell werden in mindestens zwei Bezirksämtern Verwaltungsgebäude geplant und voraussichtlich gebaut, in welchen z.T. Büros für je vier SozialpädagogInnen mit Glaswänden entstehen sollen, sodass Benthams Panopticon nun nicht nur im Strafvollzug, sondern auch in den Jugendämtern real wird.

> der Entscheidung anderen unterworfen ist, so daß seine Entscheidungen nicht mehr seine eigenen sind, da sie durch äußerliche Vorschriften bestimmt werden, ist er nicht mehr integriert. Er ist vielmehr angepaßt" (Freire 1974: 10 f.).

Hier ist die professionelle Reflexion der daraus ggf. folgenden Machtasymmetrien im ASD als Teil der öffentlichen Verwaltung notwendig, um uns nicht über die Gesellschaft, deren Komponenten wir ebenfalls sind, zu erheben.

Einen Hinweis auf die möglicherweise vorhandene Notwendigkeit einer revolutionären Praxis zeigt auch der Umgang bzw. die Reaktion der BASFI (ähnlich den Ministerien in den Flächenländern) im Senatsbericht zur Umsetzung der Empfehlungen der Enquete-Kommission „Kinderschutz und Kinderrechte weiter stärken". Im Abschlussbericht der Enquete-Kommission wird in der Empfehlung Nr. 45 a ausgeführt: „Die Enquete-Kommission ist der Auffassung, dass ein Dokumentationssystem verfügbar sein muss, das die fachliche und rechtliche Logik 'guter Kinderschutzarbeit' verständlich abbildet und nicht durch administrative und sozialrechtliche Aufgaben überfrachtet ist" (Bürgerschaft der Freien und Hansestadt Hamburg Drs. 21/16000 S. 74). Eine Veränderung der Software wurde nach Inaugenscheinnahme von JUS ITs durch den oben bereits genannten Prof. Schrapper, der zum Vorsitzenden der ENQ-K. gewählt wurde, als dringend angeraten. Der zuvor erwähnte Senatsbericht führt jedoch zum Thema JUS IT in einer Bewertung des Verfassers unterkomplex aus: „Aus Sicht des Senats erfüllt das Fachverfahren JUS-IT die wesentlichen technischen Anforderungen zur Unterstützung der fachlich bedeutsamen Dokumentationspraxis der Fachkräfte im ASD" (Bürgerschaft der Freien und Hansestadt Hamburg Drs. 21/18560: 15).

Aus der vorgenannten Gegenstandsbestimmung der Sozialen Arbeit im Abgleich mit der Entfremdungstheorie wird deutlich, dass sich die Professionellen der Sozialen Arbeit in den Hamburger ASD-Abteilungen durch die oben kurz aufgeführten Entwicklungen ihres eigentlichen Zweckes und Auftrages haben berauben lassen. Interessanterweise wurde durch die AutorInnen in einer Resolution zu einer sozialpolitischen Konferenz im April 2018 in Hamburg Folgendes formuliert: „soziale Berufe ohne Achtung, ohne wechselseitige Anerkennung, ohne Unterstützung, ohne Hilfe in schwierigen Lebenssituationen und vor allem ohne Solidarität sowohl mit den AdressatInnen als auch untereinander sind keine sozialen Berufe, sondern 'konformistische Erfüllungs-Automaten'" (ver.di 2018: 1).

Die Abbildung von gesellschaftlichen Prozessen, die auch Gegenstand der Arbeit im ASD sind, kann mit der Dialektik von Realwelt und virtuellem Raum (vgl. Sorg 2005: 209) theoretisch gerahmt werden. Von hoher Relevanz ist, dass sich der Schutz von Kindern und Jugendlichen durch die Entwicklung der ausdifferenzierten Regelwerke, der Kontroll- und Prozessorientierung (z.B. Einführung der Hamburger Jugendhilfeinspektion, des QMS nach DIN EN ISO 9001 und deren Verankerung im AG SGB VIII), des Kostendrucks auf die ASD-Fachkräfte mittels machtvoller digitaler Führungs- und Steuertechniken (JUS IT) im dialektischen Sinne in seine Negation verkehrt.

Wolfgang Fritz Haug kritisierte eine passive Dialektik, die sich ereignet, „wenn uns – in Blochs Worten – 'der überall wache Gegenschlag' (W 15, 67) hinterrücks erwischt, oder wenn wir ihm just durch die Art ihm vorzubeugen, den Weg bahnen. Dann wird Sicherheitspolitik zum Sicherheitsrisiko" (Haug 2008:24). Dieser von Haug beschriebene Effekt hat sich in der Hamburger Kinder- und Jugendhilfe unter aktiver Mithilfe auch der Professionellen der Sozialen Arbeit in den ASD Abteilungen manifestiert.

Die Gefahrenabwehrlogik der Sozialpolitik, die sich bis auf die Ebene des Klienten-Fachkraft-Systems im Hamburger Kinderschutz, mit dem den Einsatz professionsunterminierenden Kontrollpraktiken wie JUS IT, des QMS nach DIN EN ISO und der Jugendhilfeinspektion auswirkt, führt dazu, dass (Beteiligungs) Rechte der NutzerInnen nicht geachtet werden und die Bedürfnisbefriedigung der betroffenen Kinder und Jugendlichen aus dem Fokus gerät.

Damit hat „[g]erade die Abwehr der Gefahr [...] diese aus einer Möglichkeit in Wirklichkeit verwandelt und den 'Umschlag der Taten ins Gegenteil' vorgeführt" (Haug 2008: 25)[15]. Denn ohne ernsthafte Beteiligung der Kinder, Jugendlichen und deren Eltern wird der Kinderschutz scheitern.

Im Ergebnis müssen damit zwei Ebenen berücksichtigt werden. Zum einen muss weiterhin kritisch betrachtet/begleitet werden, welche weiteren Auswirkungen die Digitalisierung als Instrument der Produktivkraftentwicklung im Bereich der Sozialen Arbeit in den Hamburger Jugendämtern in Bezug auf mögliche Transformationen der sozialen Beziehungen der Fachkräfte mit den Klienten nach sich ziehen, und zum anderen, wie die Digitalisierung sich als Machtinstrument zur Einsparung finanzieller Ressourcen und als Kontrollinstrument (zur Überprüfung von Fachkräften und Klienten) verhält. Führt also der Einsatz JUS ITs im ASD zu einer besseren Befriedigung der Bedürfnisse der Klienten durch z.B. Zeiteinsparungen, die dann einer intensiveren Beziehungsarbeit zugutekommen oder trägt es zur weiteren Entfremdung der Menschen in der kapitalistischen Gesellschaft bei? Da Untersuchungen wie die Online-Befragung der Fachkräfte der Hamburger ASD-Abteilungen durch die Enquete-Kommission auch zum Ergebnis kamen, dass es den Fachkräften in den

15 Für eine Darstellung der möglichen Effekte wird auf die Ausführungen der Fraktion der Hamburgischen Bürgerschaft DIE LINKE (DIE LINKE 2019: 22-24 und Fabian Kessls (siehe Kessl 2017) verwiesen.

Jugendämtern aktuell nicht immer ausreichend gelingt, Kinder, Jugendliche, aber auch Eltern zu beteiligen (vgl. Bürgerschaft der Freien und Hansestadt Hamburg Dr. 21/16000: 313, 315), muss festgestellt werden, dass es sich aktuell in Bezug auf JUS IT um eine neue Art der fachlichen Kontrolle/Steuerung und nicht um ein Instrument der Stärkung der professionellen Sozialen Arbeit handelt.

Trotz der in diesen Ausführungen beschriebenen problematischen Hamburger Bedingungen u.a. auch im Kontext von JUS IT sollten sich die ASD Fachkräfte Nachstehendes bewusst machen: „Denn immer, wenn wir tätig werden, und damit in die Zukunft hinein handeln, werden die Begierden, Wünsche, Absichten, Zwecke an der äußeren Wirklichkeit abgearbeitet, wird die Wahrheit unserer Vorstellungen und Begriffe in ihrem Zusammenhang sich an der Wirklichkeit erweisen müssen" (Holz 2005: 65).

In ihrer wichtigen Streitschrift zum Kinderschutz, als Reaktion auf die Veröffentlichung zweier Rechtsmediziner „Deutschland misshandelt seine Kinder", führen Kay Biesel, Felix Brandhorst und andere aus, dass die Menschen, die sich gegenwärtig dazu entscheiden, im Kinderschutz tätig zu sein, Idealisten sein müssen (vgl. Biesel u.a. 2019: 14). Hier hält der Verfasser entgegen: nicht IdealistInnen, sondern MaterialistInnen sollten sie sein!

### *Literatur*

Ackermann, Timo/Robin, Pierrine 2018: Die Perspektive von Kindern und Eltern in der Kinder- und Jugendhilfe: zwischen Entmutigung und Wieder-Erstarken. In: Enquete-Kommission „Kinderschutz und Kinderrechte weiter stärken" Protokoll Nr. 21/10, Sitzung am 07./08.06.2018: Protokoll der öffentlichen Sitzung der Enquete-Kommission „Kinderschutz und Kinderrechte weiter stärken". Hamburg

Albus, Stefanie/Greschke, Heike/Klingler, Birte/Messmer, Heinz/Micheel, Heinz-Günter/Otto, Hans-Uwe/Polutta, Andreas 2010: Wirkungsorientierte Jugendhilfe: Abschlussbericht der Evaluation des Bundesmodellprogramms "Qualifizierung der Hilfen zur Erziehung durch wirkungsorientierte Ausgestaltung der Leistungs-, Entgelt und Qualitätsvereinbarungen nach §§ 78a ff. SGB VIII. Waxmann u.a., Münster

Bastian, Pascal 2019: Sozialpädagogische Entscheidungen. Verlag Barbara Budrich, Opladen und Toronto

Biesel, Kay/Brandhorst, Felix/Rätz, Regine/Krause, Hans-Ullrich 2019: Deutschland schützt seine Kinder! Eine Streitschrift zum Kinderschutz. transcript Verlag, Bielefeld

Büchner, Stefanie 2018: Mythen digitaler Dokumentation. In: DAS JUGENDAMT. Zeitschrift für Jugendhilfe und Familienrecht. 91. Jahrgang, 09/2018: 372-375

Bürgerschaft der Freien und Hansestadt Hamburg Drs. 19/7712 2010: Mitteilung des Senats an die Bürgerschaft 1. Bericht über den Stand der Umsetzung des Ersatzes der IT-Verfahren in den Bereichen Jugendhilfe, Sozialhilfe und Wohngeld 2. Haushaltsplan 2009/2010: Nachbewilligung von Kassenmitteln nach § 33 LHO für den IT-Globalfonds im Haushaltsjahr 2010. Hamburg

– 20/14100 2015: Bericht des Parlamentarischen Untersuchungsausschusses „Aufklärung der Vernachlässigung der Kindeswohlsicherung im Fall Yagmur durch staatliche Stellen und Erarbeitung von Empfehlungen zur Verbesserung des Kinderschutzes in Hamburg". Hamburg

– 21/16000 2019: Bericht der Enquete-Kommission „Kinderschutz und Kinderrechte weiter stärken: Überprüfung, Weiterentwicklung, Umsetzung und Einhaltung gesetzlicher Grundlagen, fachlicher Standards und Regeln in der Kinder- und Jugendhilfe – Verbesserung der Interaktion der verschiedenen Systeme und Akteurinnen und Akteure". Hamburg

– 21/18560 2019: Stellungnahme des Senats zum Ersuchen der Bürgerschaft vom 30. Januar 2019 Enquete- Kommission „Kinderschutz und Kinderrechte weiter stärken (...)": Prüfungen und praktische Umsetzungen gemäß den einstimmig beschlossenen Empfehlungen (Drs. 21/15999). Hamburg

– 2018: ENQ-K Protokoll Nr. 21/10, Sitzung am 07./08.06.2018: Protokoll der öffentlichen Sitzung der Enquete-Kommission „Kinderschutz und Kinderrechte weiter stärken". Hamburg

DIE LINKE. Fraktion in der Hamburgischen Bürgerschaft 2019: Kinderrechte stärken! Konsequenzen aus dem Bericht der Hamburger Enquete-Kommission. Hamburg. Abrufbar unter: https://www.linksfraktion-hamburg.de/wp-content/uploads/2019/05/Broschuere_Kinderrechte_es-2019.pdf, letzter Zugriff am 19.07.2019

Engels, Friedrich 1888: Ludwig Feuerbach und der Ausgang der klassischen deutschen Philosophie. In: Marx, Karl/Engels, Friedrich (1979): Ausgewählte Werke in sechs Bänden. Band VI, Dietz Verlag, 8. Auflage, Berlin

Freire, Paulo 1974: Erziehung als Praxis der Freiheit. Kreuz Verlag, Stuttgart

Gerken, Karin/Wieckmann, Matthias 2019: Von der analogen Welt zum digitalen Raum. Hamburg

Haug, Wolfgang Fritz 2008: Für praktische Dialektik. Abrufbar unter: http://www.wolfgangfritzhaug.inkrit.de/documents/Dialektik-praktische-08.pdf, letzter Zugriff 17.05.2019

Holz, Hans Heinz 2005: Weltentwurf und Reflexion. Versuch einer Grundlegung der Dialektik. Verlag J.B. Metzler, Stuttgart, Weimar

Jaeggi, Rahel 2016: Entfremdung. Zur Aktualität eines sozialphilosophischen Problems. Suhrkamp, Berlin

Kessl, Fabian 2017: „Präventionspolitische Nebeneffekte": Von ungewünschten, überraschen-den und übersehenen Konsequenzen des vorbeugenden Eingriffs. Beitrag zur Enquetekommission „Kinderschutz und Kinderrechte weiter stärken" der Hamburgischen Bürgerschaft. Duisburg-Essen

Kindler, Heinz (DJI)/Arbeitsstab der Enquete-Kommission 2018: Auswertung der Ergebnisse der Online-Befragung der Mitarbeiterinnen und Mitarbeiter des ASD, KJND und FIT. Stand: 25.06.2018. Hamburg

Klatetzki, Thomas 2017: Soziale personenbezogene Dienstleistungsorganisationen und die Kultivierung flexibler Hilfen. Abrufbar unter: https://www.rauheshaus.de/fileadmin/user_upload/downloads/Rauheshaus/17-07-19_Vortrag_Thomas_Klatetzki.pdf, letzter Zugriff 21.04.2019

Klomann, Verena/Schermaier-Stöckl, Barbara/Breuer-Nyhsen, Julia/Grün, Alina 2019: Professionelle Entscheidungsprozesse im Kinderschutz. Ergebnisse eines interdisziplinären Pilot-Forschungsprojekts zur professionellen Kinderschutzarbeit in Jugendämtern. In: DAS JUGENAMT. Zeitschrift für Jugendhilfe und Familienrecht. 92. Jahrgang, 01/2019: 11-15.

Landesarbeitsgemeinschaft ASD Hamburg 2018: Ergebnisse einer Fachveranstaltung „ASD der Zukunft – Professionelle Anforderungen an die Soziale Arbeit". Hamburg

Landesarbeitsgemeinschaft ASD Hamburg 2019: Umsetzungsvorschläge der Landesarbeitsgemeinschaft Allgemeiner Sozialer Dienst Hamburg zu den Empfehlungen der Enquete-Kommission „Kinderschutz und Kinderrechte weiter stärken". Hamburg

Marx, Karl 1844: Ökonomisch-philosophische Manuskripte aus dem Jahr 1844. In: Marx, Karl/Engels, Friedrich (1979): Ausgewählte Werke in sechs Bänden. Band I, Dietz Verlag, 8. Auflage, Berlin

– 1844–1847: Thesen über Feuerbach. In: Marx, Karl/Engels, Friedrich (1979): Ausgewählte Werke in sechs Bänden. Band I, Dietz Verlag, 8. Auflage, Berlin

Münder, Johannes/Bindel-Kögel, Gabriele/Hoffmann, Helena/Lampe, Wiebke/Schone, Reinhold/Seidenstücker, Barbara 2017: Kindeswohl zwischen Jugendhilfe und Justiz – Zusammenfassung und Perspektiven. In: Münder, Johannes (Hrsg.): Kindeswohl zwischen Jugendhilfe und Justiz. Zur Entwicklung von Entscheidungsgrundlagen und Verfahren zur Sicherung des Kindeswohls zwischen Jugendämtern und Familiengerichten. Beltz Juventa, Weinheim Basel: 423-451

Obrecht, Werner 2001: Das Systemtheoretische Paradigma der Disziplin und der Profession der Sozialen Arbeit. Eine transdisziplinäre Antwort auf das Problem der Fragmentierung des professionellen Wissens und die unvollständige Professionalisierung der Sozialen Arbeit. In: Züricher Beiträge zur Theorie und Praxis Sozialer Arbeit, Bd. 4, Hochschule für Soziale Arbeit Zürich

– 2003: Probleme der Entwicklung der Disziplin und Profession der Sozialen Arbeit. Fachtagung Sozialarbeitswissenschaft 31.10.–01.11.2003, Zürich

– 2005: Umrisse einer biopsychosozialen Theorie menschlicher Bedürfnisse. Geschichte, Probleme, Struktur, Funktion, Skript zu gleichnamigen Lehrveranstaltung am Interdisziplinären Universitätslehrgang für Sozialwirtschaft, Management und Organisation sozialer Dienste (ISMOS). Wirtschaftsuniversität Wien

Quante, Michael 2018: Der unversöhnte Marx. Die Welt in Aufruhr. Mentis Verlag, Münster

Sorg, Richard 2005: Marxismus als materialistisch-dialektische Systemtheorie. In: Hollstein-Brinkmann, Heino/Staub-Bernasconi, Silvia: Systemtheorien im Vergleich. Was leisten Systemtheorien für die Soziale Arbeit? Versuch eines Dialogs. VS Verlag für Sozialwissenschaften, Wiesbaden

Sorg, Richard 2018: Dialektisch Denken. PapyRossa Verlag, Köln

Statistisches Amt für Hamburg und Schleswig-Holstein 2013: Statistik informiert... Nr. 208/2013. Jugendhilfe in Hamburg 2012. Hamburg, abrufbar unter: https://www.statistik-nord.de/fileadmin/Dokumente/Presseinformationen/SI13_208.pdf, letzter Zugriff 31.12.2019

Statistisches Amt für Hamburg und Schleswig-Holstein 2019: Statistik informiert... Nr. 148/2019. Ausgaben für die Jugendhilfe in Hamburg 2018. Hamburg, abrufbar unter: https://www.statistik-nord.de/zahlen-fakten/soziales/kinder-und-jugendhilfen/dokumentenansicht/ausgaben-fuer-die-jugendhilfe-in-hamburg-2018-61649/, letzter Zugriff 31.12.2019

Treptow, Elmar 2018: Die Entfremdungstheorie bei Karl Marx. Eine dialektische Konkretisierung. Mangroven Verlag, Kassel

TÜV Nord 2019: DIN EN ISO 9001Zertifizierung. Einsehbar unter: https://www.tuev-nord.de/de/unternehmen/zertifizierung/iso-9001/, letzter Zugriff am 19.01.2020

ver.di 2018: Gegen das Schwinden des Sozialen in der Sozialen Arbeit. Resolution der Sozialpolitischen Konferenz. Hamburg, abrufbar unter: https://bund-laender-hamburg.verdi.de/++file++5a74370af1b4cd6fe9eb02f5/download/ver.di%20FG%20SKJ-Konferenz_A4.pdf, letzter Zugriff am 16.05.2019

*Matthias Stein*
*E Mail: stein.matthias@t-online.de*

Birgit Herz

# Vision 2030: Profil der Sonder-, Sozial- und Inklusionspädagogik im gesellschaftlichen Kontext

Ein provokatives Essay

## 1. Einleitung

Die Landkarte, die ich im Folgenden als Vision 2030 für die Sonder-, Sozial- und Inklusionspädagogik skizziere, wird allenfalls ein grobes, d.h. unterkomplexes Bild liefern. Dabei dienen als Orientierungsgrundlage folgende zehn bereits veröffentlichte Studien:

(1) des VDI Technologiezentrums über gesellschaftliche Entwicklungen 2030 (vgl. VDI 2015),
(2) der Züricher School of Management and Law zur Umsetzung der Energiestrategie 2050 in der Schweiz (vgl. Cornetta/Carmen 2017),
(3) der World Bank Group über Global Economic Prospects (vgl. World Bank Group, 2018),
(4) der Bertelsmann Stiftung über die Zukunft der Arbeit 2050 (vgl. Bertelsmann Stiftung 2016),
(5) der UNESCO über Global Citizenship Education (vgl. UNESCO 2015),
(6) des Council of Europe über Learning to live together (vgl. https://www.coe.int/en/web/youth/-/learning-to-live-together-conference -on-the-future-of-citizenship-and-human-rights-education-in-euro-1),
(7) des National Forum for Neuroscience über Special Education in Großbritannien (vgl. http://www.naht.org.uk/about-us/our-councils-committees-and-forums/national-forum-for-neuroscience-and-special-education/),
(8) des Council for Exceptional Children publiziert über „Shaping the Future of Special Education“ (vgl. Council for Exceptional Children 2017),
(9) des Center on Technology and Disability (vgl. Crossland et al. 2016) – und ich beziehe
(10) diverse Internetpräsentationen von internationalen, multidisziplinären Forschungsprojekten ein, wie bspw. des Bielefelder Exzellenzclusters über

**Widersprüche**. Verlag Westfälisches Dampfboot, Heft 158, 40. Jg. 2020, Nr. 4, 99 – 108

kognitive Interaktionstechnologien mit dem deutschen Forschungsschwerpunkt „Child-Robot Communication and Collaboration: Edutainment, Behavioural Modelling and Cognitive Development in Typically Developing and Autistic Spectrum Children (vgl. CITEC, https://www.cit-ec.de/en).

Bei dieser exemplarischen Auswahl nationaler und internationaler Akteure fällt auf, dass die deutsche Erziehungswissenschaften im Hinblick auf globale Zukunftsszenarien international kaum vertreten sind bzw. hier nur beispielhaft genannt, weisen aktuelle Veröffentlichung wie etwa der European Agency for Special Education Needs nicht über den derzeitigen state oft the art hinaus (vgl. Soriano/Watkins/Ebersold 2017). Auf der Grundlage dieser ersten orientierenden Sichtung nähere ich mich dem Thema: Vision 2030: Profil der Sonder-, Sozial- und Inklusionspädagogik im gesellschaftlichen Kontext.

Zunächst gilt es, jene Eckpunkte der globalen Entwicklungen zu benennen, die diese Wissenschaftsdisziplinen nachhaltig in Theorie und Praxis beeinflussen und substantiell verändern werden.

## 2. Globale Entwicklungen

Ich hebe fünf Punkte hervor, die sich nachhaltig auf die Lebensrealität von Kindern, Jugendlichen und Erwachsenen auswirken:

1. Die globale ökonomische Verflechtung verändert die bisherige nationalstaatliche Architektur. Asiatische Länder, insbesondere China und Indien, formieren die zentralen (Arbeits-)Märkte der Zukunft: Informationstechnologie, Künstliche Intelligenz und Robotik.
2. Die Effekte des Klimawandels, Eingriffe in die Biosphäre und die Risiken nuklearer Stromproduktion – man rechnet insbesondere mit verstärkten Naturkatastrophen, Wassermangel und nuklearem Fallout über lange Zeiträume – triggern zugleich neue Märkte bzw. Marktdynamiken. Dazu zählen etwa ein globales Gesundheitsmanagement, Cyber-Physikalische Systeme im Neuro-Net, virtuelle Mobilitätsdriver etc.
3. Die Bewältigung und Gestaltung zukünftiger Lebenswelten produziert einerseits einen enormen Bedarf an differentiell spezialisierten Fachkräften, während andererseits tradierte Kompetenzen mit zukünftigen Anforderungen nicht mehr kompatibel sind. Die Folgen sind u.a. Wanderbewegungen von hoch qualifizierten Fachkräften einerseits[1] (brain drain) und von heillos

1 „In the next two decades, new cohorts of more educated workers from developing countries will enter the global workforce with better skills" (World Bank Group 2018, 219; VDI, 2015, 140).

überforderten traditionellen ArbeitnehmerInnen andererseits[2] (ModernitätsverliererInnen).
4. Die allgegenwärtige Mediatisierung, der permanente Konkurrenzdruck und die ungezügelten Komplexitätssteigerungsdynamiken verändern die Politik. Coram publico agieren PolitikerInnen in hybriden Rollen quasi als NetzwerkmanagerInnen im Metaversum.[3]
5. Militärische Konflikte drehen sich immer weniger um Rohstoffe oder Ideologien, sondern immer mehr um die Nutzerdomainen künstlicher Intelligenz sowie extraterrestrischer alternativer Lebensräume.

Unter solchen hochkomplexen Verweisungszusammenhängen verändert sich zwangsläufig das Bildungs- und Erziehungssystem weltweit. Dies soll nun mit Blick auf die EU in Ausschnitten skizziert werden.

## 3. Transformationen der Bildungs- und Erziehungssysteme

Diese v.a. ökonomisch determinierten Transformationsprozesse erzwingen einen fundamentalen Wandel tradierter Inhalte, Strukturen, Organisationsformen, Finanzierungs- und Zuständigkeitsbereiche der institutionellen Bildung und Erziehung. Die Eckpfeiler dieser epochalen Umwälzungen basieren auf

- der Digitalisierung sämtlicher Lebensbereiche,
- der Dominanz autonomer komplexer Systeme,
- dem enormen Fachkräftebedarf bei gleichzeitigem Abbau von traditionellen Arbeitsplätzen,
- ethnisch-sozialen und biopsychischen Segregationsprozessen,
- der Entwicklung neuer und infrastrukturell fragmentierter Lebensformen durch Neuro-Enhancement, Gentechnologie, Virtualisierung, ökologische Krisen, soziale und 'Natur'-Katastrophen.

Innerhalb der EU wurden diese Entwicklungen zuerst in Frankreich, das 2016 weltweit den sechsten Rang bei den Ausgaben für Forschung und Entwicklung belegte (vgl. Christ/Frankenberger 2016: 1), als zentrale Herausforderung erkannt und mit weitblickenden Reformen in Angriff genommen. Frankreichs hohe Innovationsstärke im Wissenschaftsbereich in Verbindung mit dem visionären EU-Engagement seines Präsidenten – der auch 2026 zum dritten Mal im Amt

---

2 Vgl. Bertelsmann Stiftung, 2016.

3 Man denke etwa an die rasche Verbreitung von SMART-Cities (vgl. Eschenauer u.a. 2017).

bestätigt wurde(!) – führte in der gesamten EU zu radikalen Umwälzungen in der Wirtschafts-, Sozial-, Arbeitsmarkt-, Gesundheits- und Bildungspolitik.

- In der Bildungspolitik wurde 2025 das Ende der föderalen Finanzierungsstrukturen der europäischen Bildungssysteme beschlossen.[4]
- Das nationale Hochschulrecht wurde beendet und ein europäisches Hochschulkommissariat mit umfassenden Richtlinienkompetenzen sowie entsprechenden Finanzierungsgrundlagen etabliert. Der „Europäische Fond für strategische Innovationen" und der „Fond für die Anpassung an die Globalisierung"[5] unterstützten fortan die europäischen Hochschulen auf allen Ebenen im globalen Wettbewerb der Eliten. Direktor dieser supranationalen Megainstitution wurde der ehemalige französische Staatssekretär für Digitalisierung.

Dessen ersten Aktivitäten waren:

1. Digitalisierung der Hochschulbildung durch den Ausbau eines Educational Data Mining (EDM)[6] mit Massive Open Online Courses (MOOCs)[7] sowie
2. Etablierung der beiden vordringlichen und dynamischen Forschungscluster „Adulthood-Education" und „Neurodiversity-Management".

Das Programm „Adulthood-Education" veränderte die Wachstumsraten des Hochschulzugangs; einerseits wurde so der Bedarf an spezialisierten Fachkräften gedeckt[8] (vgl. Weishaupt 2016; Jungkamp/John-Ohnesorg 2016: 14), andererseits wirkte das Programm als Relaisstation für die neuen „Überflüssigen" der deregulierten Arbeitswelt. Hieraus wiederum ergaben sich vielfältige strategische Partnerschaften, wie bspw. zwischen dem Roten Kreuz und dem Roten Halbmond.

Das „Neurodiversity-Management" ging zurück auf eine breit angelegte Initiative der „British Psychological Society"[9], dem „Cognitive Neuroscience Education

4 Vergleichbar argumentiert Berthold 2008 in seinen „Grüßen aus der Zukunft" (vgl. Berthold 2008).

5 In einem anderen Kontext als Finanzinstrumente der EU erwähnt, vgl. Hartlap 2017.

6 Vgl. die positive Würdigung der digitalen Bildung als hochschuldidaktisches Potential bei Pietraß, 2017.

7 Zur kritischen Würdigung vgl. Walgenbach, 2017.

8 „Um die Lücke, die die in den nächsten Jahrzehnten aus dem Erwerbsleben ausscheidenden Hochqualifizierten hinterlassen werden, schließen zu können, ist es notwendig, dass deutlich mehr junge Menschen als bislang durch die Aufnahme eines Studiums eine höhere Qualifizierung erlangen" (Jungkamp/John-Ohnesorg 2016: 14).

9 Vgl. https://www.bps.org.uk/.

Forum" der Oxford University[10] und dem Leibniz Forschungszentrum „Centre for Inclusive Citizenship" (CINC) der LUH[11].

Die Digitalisierung und Virtualisierung aller persönlicher Lebensräume, die Selbstoptimierungsverpflichtungen unter den Bedingungen technologischer Akzeleration bei „Kalkulierung des Unkalkulierbaren" (Bode/Turba 2015: 112) zwangen zur beständigen Rekonfiguration der Erziehungs- und Bildungsräume, Erziehungs- und Bildungsinhalte sowie ihrer Vermittlungsstrategien und Zielperspektiven (vgl. VDI 2015).

Freilich galt dieser radikale Wandel der Bildungs- und Erziehungssysteme auch für die LehrerInnenbildung, den BeamtInnenstatus sowie die öffentliche Verwaltung. Im geostrategischen Bildungsraum Europa existiert 2030 eine zentralisierte, evidenzbasierte Trainerqualifizierung mit gestuften Lizenzen und Zertifizierungen bezüglich *Neurodiversity Management* über die gesamte Lebensspanne hinweg. Diese Lizenzen selber werden durch Algorithmen permanent aktualisiert, so dass jederzeit jedwede „human ressource" optimiert werden kann.[12]

Sozialpädagogik und Sozialarbeit – die ja seit ihrer Begründung in der Weimarer Republik schon mehrfach die Kollateralschäden der Passungsprobleme zwischen Individuum und Gesellschaft zu bewältigen hatten – waren zentral mit diesen tiefgreifenden Wandlungsprozessen konfrontiert, denn mit der raschen und EU-weit flächendeckenden Etablierung sog. „Game-Areas", die die verarmten und mit ihrer Selbstoptimierung überforderten und beeinträchtigten Kinder, Jugendlichen und Erwachsenen versorgten, kamen sog. Brain Game Trainer (BGT) zum Einsatz, die auch die Zugänge zu kostenlosen Neurostimulanzien regelten.[13]

Dieser Sektor der technisch steuerbaren sozialräumlichen Inklusion erwies sich dann völlig überraschend in den 2030er Jahren als ein unverhoffter Innovationspool für die globale Vermarktung trivialer mechanischer Kommunikations- und Interaktionsumgebungen (Communication and Interaction Environment, CIE).

Die hier nur exemplarisch dargelegten Programmatiken führten zu einem tiefgreifenden Umbruch der akademischen Kultur an den Hochschulen, die eine permanente Neukodierung ihres Professionsverständnisses in Lehre und Forschung zu bewältigen hatten. Im Zuge der Forschungscluster „Adulthood-Education" und „Neurodiversity-Management" entwickelten sich innovative

---

10 Vgl. www.nanopdf.com/download/oxford-cognitive-neuroscience_pdf.

11 Vgl. https://www.uni-hannover.de/de/forschung/forschungsschwerpunkte/zentren/inclusive-citizenship/.

12 Vgl. Harari: Die Datenreligion (Harari 2017: 497f.).

13 Vgl. Cabanas (2018) zur Gegenwartsdiagnose.

und kreative Forschungsanforderungen für die ehemalige Sozial-, Sonder- und Inklusionspädagogik, die ich hier abschließend kurz aufzeigen will.

## 4. Innovative Profile ehemaliger Pädagogikdomainen

Zunächst hatte die Rekordzuwanderung in der BRD und der von den politisch Verantwortlichen 2018 überhaupt nicht kalkulierte Schülerboom ab 2020 geradewegs zu einem Investitionsexzess in digitale Bildungs- und Erziehungssoftware, wie bspw. das aus den USA adoptierte „BrainWare Safari" Programm geführt[14]. Mit Lernrobotern der ersten Generation, wie bspw. NAO der Firma Soft Bank Robotics[15], wurde versucht, den dramatisch angestiegenen Bedarf an qualifizierten Lehrkräften zu schließen.

Dank der „Bildungsoffensive für die digitale Wissensgesellschaft" des einstigen deutschen Ministeriums für Bildung und Forschung aus dem Jahr 2016 wurde die technische Problemlösung dieser demographischen Entwicklung erfolgreich bewältigt.

Der gleichzeitige Fortschritt auf unterschiedlichen Feldern ließ freilich Bedarfe an neuen Erfindungen und innovativen Dienstleitungen entstehen, die die bisherige Grundlagenforschung der Sozial-, Sonder- und Inklusionspädagogik in den vergangenen Dekaden noch nicht im Blick hatte. Einige Beispiele seien hier exemplarisch genannt:

Mit dem Einsatz von tragbaren Gehirnsensoren kam bspw. die „Speech and Language Teletherapie" weltweit zum Einsatz. Roboterdienste bspw. in der medizinischen Rehabilitation, in den ehemaligen Hilfen zur Erziehung oder in den human-oriented services führten derart zu Defiziten an menschlicher Interaktion und Kommunikation, dass die dramatische Nachfrage nach realem menschlichen Kontakt zu neuen Berufsprofilen führte, an deren Aufbau Teilbereiche der drei Fachdisziplinen maßgeblich beteiligt waren und sind.

Von den sozialen Anforderungen an werdende reale, virtuelle, biologische und/oder fiktive Mütter und Väter in Verbindung mit frühkindlichen Trainingsmodulen, über Lernstrategiesensorik für Kinder und Jugendliche bis hin zu den Bedarfen eines vereinsamten, heterogenen, multikulturellen Seniorenmilieus wurden spezialisierte individuelle Lerntrainer benötigt (Individual Learning Trainer, ILT).

---

14 Vgl. https://mybrainware.com/.

15 Vgl. https://www.ald.softbankrobotics.com/en/robots/nao/find-out-more-about-nao.

Die erste und auch die zweite Generation von Robotern im Erziehungs- und Bildungssystem sowie in den human services benötigten als lernende Systeme Emotionale TrainerInnen und EmpathieinterventionistInnen (ETE).[16] Ihr Berufsfeld weitete sich dann v.a. ab den 30er-Jahren auch auf das folgende Innovationsfeld aus. Die hypersensorische Umwelt (Haushalt, Transport, Selbstoptimierung) kreierte das Berufsprofil der vor allem technisch sowie didaktisch und methodisch versierten Biosignal-TrainerInnen (BST).[17]

Eine der zentralen, zivilgesellschaftlichen Kernkompetenzen in 2030, die v.a. die organisationssoziologische Forschung bereits lange zuvor präzisiert hatte, war die Bewältigungskompetenz von Ungewissheit, Vielfalt, Mehrdeutigkeit und Gleichzeitigkeit (vgl. Apelt/Senge 2015) – und von geradezu brutalen Verknappungen, bspw. an Wasser, Sauerstoff u.ä. Um hier das politisch konfliktfreie Management multipler und „mehrdeutiger Identitäten" – zu denen 2030 auch eine Identität unter den Bedingungen einer Behinderung oder Umwelterkrankungen zählte – zu gewährleisten, wurden, statt Sozialarbeit, Seelsorge, Beratung oder Therapie zu fördern, ungeheure Forschungssummen in das Verbundforschungsprojekt Inklusionstraining investiert. Hier konzentrierten sich medizinische und psychologisch-psychiatrische Diagnostik, Pharmakologie und Kriminologie, die unter der Supervision des universitären Neurodiversitymanagements hochspezialisierte Trainerlizenzen insbesondere für Inklusive IdentitätstrainerInnen (Inclusive Identity Trainer, IIT) entwickelten.

In diesem hier skizzierten Szenario wirken die Begriffe Sozial-, Sonder- und Inklusionspädagogik antiquiert. Die Fachterminologien, die noch 2018 den wissenschaftlichen Diskurs der Sozial-, Sonder- und Inklusionspädagogik bestimmten – und zwar unabhängig von ihrer jeweiligen ideologischen Positionierung (vgl. Winkler, 2018) – waren 2030 völlig „out of fashion". Die noch von Bänninger konstatierte Lagermentalität von „traditionalists" und „inclusionists" war längst Geschichte, da sich hieraus für die „Produktion neoliberaler Subjekte im Sinne eines unternehmerischen Selbst" (Bänninger 2016: 99) keine Kapitalakkumulation generieren ließ. Auch die einst überaus gesellschaftskritischen Positionen der Disability Studies fanden ihr technomorphes Ende in der Implementierung sog. „Diversity Certified Cyborgs" (DCC).

Es zeigte sich 2030, dass die frühen Prognosen zweier US-amerikanischer Forschungsinstitutionen tatsächlich eintrafen. Der Council of Exceptional Children

---

16 Vgl. die Debatte in le Monde, Sonderheft: Dans la tête des robots, Mars, 2018.

17 Mögliche Beispiele wurden hier in Anlehnung an Anregungen in einer Veröffentlichung der Bertelsmann Stiftung formuliert (vgl. Bertelsmann Stiftung 2016: 10f.).

schrieb im Jahr 2017: „... there is no longer need for the current set of Professional Standards ..." (vgl. Council 2017: 9f.). Und das Center on Technology and Disability sagte bereits 2014 voraus: „... an increased focus on 'any time, anyone' will have a profound impact on students with disabilities" (Center on Technology and Disability 2014: 2).

## Ausblick

Die hier nur skizzenhaft vorgestellten globalen Entwicklungstrends verändern in ihrer denkbaren sozialtechnologischen Reichweite die Pädagogik nachhaltig. Sie beinhalten dramatische ethische Implikationen, die ja weit über die ehemalige Debatte um Pränataldiagnostik hinausweisen. Wie viel Zeit wird bleiben, diesem Profil 2030 eine Alternative entgegenzusetzen?

### *Literatur*


Bänninger, Theresa: Raum für Politik und Ethik? Soziale Gerechtigkeit im Kontext von Schule und Inklusion, in: Sturm, Tanja, Köpfer, Andreas & Wagener, Benjamin (Hrsg.): Bildungs- und Erziehungsorganisationen im Spannungsfeld von Inklusion und Ökonomisierung, Bad Heilbrunn: Klinkhardt, 2016, 98-107

Berthold, Christian: Grüße aus der Zukunft – Aspekte der Entwicklung des deutschen Hochschulsystems von 2008 bis 2028, in: Die neue Hochschule, Jg. 49, Heft 6, 2008, 32-40

Blanton, Linda, McLaughling, Virginia, Aceves Terese, Cihak, David, Floyd, Loury, Landrum, Timothy, McLeskey, James, Miller, Kevin, Rock, Marcia & Stayton, Vicki: Council for Exceptional Children: Shaping the Future of Special Education: Framing CEC's Professional Preparation Standards, 2017

Bodo, Ingo & Turba, Hannu: Warum wird das „ganz normale Chaos" zum Problem? Jugendämter als Hybridorganisationen mit Souveränitätsverlust, in: Apelt, Maja & Senge, Konstanze (Hrsg.): Organisation und Unsicherheit, Wiesbaden: Springer, 2015, 105-121

BrainWare Learning Company. Chicago, https://mybrainware.com/ Zugriff am 25.02.2018

British Psychological Society. https://www.bps.org.uk/ Zugriff am 25.02.2018

Cabanas, Edgar: „Psychobürger". Oder: Wie man glückliche Individuen in neoliberalen Gesellschaften macht, in: Illouz, Eva (Hrsg.): Wa(h)re Gefühle, Berlin: suhrkamp, 2018, 237-267

Centre for Inclusive Citizenship, CINC. Hannover, 2017 https://www.uni-hannover.de/de/forschung/forschungsschwerpunkte/zentren/inclusive-citizenship/ Zugriff am 25.02.2018

Christ, Claudia & Frankenberger, Rolf: Auf dem Weg zur Wohlfahrt 4.0 – Digitalisierung in Frankreich, Berlin: Friedrich Ebert Stiftung, 2016

CITEC, Cluster of Excellence. Cognitive Interaction Technology. Bielefeld, 2018 https://www.cit-ec.de/en Zugriff am 25.02.2018

Council of Europe. Learning to Live Together: a Shared Commitment to Democracy. Conference on the Future of Citizenship and Human Rights Education in Europe. Strasbourg, 2017 https://www.coe.int/en/web/youth/-/learning-to-live-together-conference-on-the-future-of-citizenship-and-human-rights-education-in-euro-1 Zugriff am 25.02.2018

Crossland, A., Ruedel, K., Gray, T., Wellington, D., Reynolds, J. & Perrot, M. Future Ready Assistive Technology: Fostering State Supports for Students With Disabilities, Center on Technology and Disability, 2016

Daheim, Cornelia & Wintermann, Ole: 2050: Die Zukunft der Arbeit. Ergebnisse einer internationalen Delphi-Studie des Millennium Project, Gütersloh: Bertelsmann Stiftung, 2016

Erziehungswissenschaft: Erziehungswissenschaft in den Nachbarländern, Heft 52, Jg. 27, 2016

Harari, Yuval Noah: Homo Deus. Eine Geschichte von Morgen, München: H. C. Beck, 2017

Hartlapp, Maria: Arbeits- und Sozialpolitik im EU-Mehrebenensystem. Expertise für die Kommission Arbeit der Zukunft, Berlin: Hans Böckler Stiftung, 2017

Kuhlmann, Carola, Mogge-Grotjahn, Hildegard & Malz, Hans-Jürgen: Soziale Interaktion. Theorien, Methoden, Kontroversen, Stuttgart: Kohlhammer, 2018

Le Monde : Sonderheft: Dans la tête des robots, Mars, 2018

Pietraß, Manuela: Was ist das Neue an „digitaler Bildung?". Zum hochschuldidaktischen Potenzial der elektronischen Medien, in: Erziehungswissenschaft, Jg. 28, Heft 55, 2015, 19-28

Seidel, Christoph: Ungewissheit, Vielfalt, Mehrdeutigkeit – Eine Heuristik unsicherer Umwelten, in: Apelt, Maja & Senge, Konstanze (Hrsg.): Organisation und Unsicherheit, Wiesbaden: Springer, 2015, 35-50

SoftBank Robotics Europe. Paris, https://www.ald.softbankrobotics.com/en/robots/nao/find-out-more-about-nao Zugriff am 25.02.2018

Soriano, Victoria, Watkins, Amanda & Ebersold, Serge: Inclusive Education for learners with disabilities, Brüssel: European Parliament, 2017

Stücheli-Herlach, Peter, Brüesch, Peter, Fuhrimann, Sandra & Schmitt, Anna: Stakeholder-Management im Netzwerk politischer Kommunikation – Forschung für ein integriertes Führungsmodell im öffentlichen Sektor, in: Cornetta, Claudio & Kobe, Carmen (Hrsg.): Umsetzung der Energiestrategie 2050, Band 2, Neue Ansätze für Staat und Wirtschaft, Winterthur: ZHAW School of Management and Law, 2017, 61-82

UNESCO: Global Citizenship Education, Paris, 2015

VDI Technologiezentrum: Gesellschaftliche Veränderungen 2030, Düsseldorf: Innovationsbegleitung und Innovationsberatung der VDI Technologiezentrum GmbH, 2015

Walgenbach, Katharina: Elitebildung für alle? Massive Open Online Courses (MOOCs), in: Erziehungswissenschaft, Jg. 28, Heft 55, 2015, 37-46

Weishaupt, Horst: Auswirkungen des demographischen Wandels auf die Bildung: Prognosen, Strukturen, Reaktionen, in: Jungkamp, Burghard & John-Ohnesorg, Marei (Hrsg.): Die Schule der Zukunft. Auswirkungen des demographischen Wandels. Schriftenreihe des Netzwerks Bildung/Friedrich Ebert Stiftung, Bonn: Schriftenreihe des Netzwerks Bildung/Friedrich Ebert Stiftung, 2016, 17-26

Winkler, Michael: Kritik der Inklusion, Stuttgart: Kohlhammer, 2018

World Bank Group: Global Economic Prospects, Washington: World Bank Group, 2017/18

*Birgit Herz, Leibniz Universität Hannover, Schloßwendterstr. 1, 30159 Hannover*
*E-Mail: birgit.herz@ifs.uni-hannover.de*

# Angestellte zwischen Autonomie und Gestaltungskraft

Über: *Peter Kern 2019: Die Angestellten zwischen Büroalltag und Fluchtphantasie. Münster: Verlag Westfälisches Dampfboot, 150 Seiten, ISBN 978-3-89691-267-1, 15,00 €*

Man muss sich nicht auf eine Klassenanalyse festlegen, auch keine Berufsgruppensoziologie in Angriff nehmen, wenn man (indirekt) die Halbbildung einer Arbeitnehmergruppe – hier die Angestellten zwischen Alltag und Entfremdung – zum Thema eines persönlichen Rückblicks erhebt. Aber, und das ist methodisch relevant, argumentiert man mit *Pierre Bourdieu* und bemüht *André Gorz*, dann sollte in soziologischer resp. sozialphilosophischer Absicht der 'soziale Raum' in seiner Gesamtheit einer Analyse unterzogen werden. Erst in Relation zu anderen Gruppen der industriellen Arbeitnehmerschaft gewinnen die berufsfachlichen und individuellen Besonderheiten von Angestellten zwischen Jobroutine, Glücksversprechen und Absentismus an sozialwissenschaftlicher Schärfe. Peter Kern beansprucht, zugegebenermaßen unausgesprochen, nicht eine Sozial- und Kulturgeschichte der (technischen) Angestelltenschaft der letzten zweieinhalb Dekaden vorzulegen, vielmehr wird von ihm eine Mikro-Soziologie aus dem Blickwinkel der IG Metall notiert.

Die Recherche endet mit einer großen Enttäuschung resp. Desillusionierung des Autors:

> „Eine Angestelltengesellschaft ohne Erinnerung reserviert den Errungenschaften der organisierten Arbeiter kein freudiges Eingedenken. Und nun fällt den Angestellten die Aufgabe zu, diese Errungenschaften zu verteidigen. Die sich als Mittelstand missverstehen, müssen verstehen, dass der kollektive Arbeitsvertrag den Einzelnen ein Stück weit schützt, er ohne diesen Vertrag der ökonomischen Macht unvermittelt gegenübersteht. Diese Erkenntnis mag den narzisstischen Größenwahn kränken, aber sie wäre ein Zugewinn an Realitäts-bewusstsein" (147f.). (...) „Ihre vergleichsweise komfortablen Verhältnisse setzen sich nicht nur falschem, angeberischen Luxus, ökologisch unverantwortlichem Schund, auf raschen Verschleiß angelegten technischen Spielereien und einer Bestechungssumme fürs Wohlverhalten zusammen" (148).

Mit der scharfen Polemik (Kritik?) ist ein Appell an die unorganisierte, angestellte Arbeitnehmerschaft verbunden, sich umgehend gewerkschaftlich zu organisieren.

Die IG Metall hat unlängst aus Anlass des 125. Jahrestags ihrer Gründung die Verbandsgeschichte u.a. des Deutschen Metallarbeiterverbandes (DMV) aufgearbeitet (Hofmann/Benner 2019). Ein 'Handlungsfeld', das die Angestellten als 'Kolleg*innen' in den Blick nimmt, existiert dort nicht. Umso erfreulicher der literarische Vorstoß von Peter Kern mit dem programmatischen Titel *Die Angestellten zwischen Büroalltag und Fluchtphantasie*. Ganz offensichtlich wird hier ein blinder Fleck der IG Metall beleuchtet.

Insgesamt 19 Episoden im Umfang von vier bis zwölf Seiten geben dem Band die Struktur, literarisch präsentiert in Form thematischer Essays. Von 'Das Handy verlängert den Normalarbeitstag' (nr. 7) ist ebenso die Rede wie von 'Gewerkschaftsdilemmata' (nr. 16) bis zu 'Angestelltenbewusstsein? Selbstaufklärung!' (nr. 18). Man kann die Essays einzeln lesen und unabhängig voneinander, oder sich auf die Suche nach einer konzisen theoretischen These bzw. Hypothese machen, die ergebnislos endet. Somit erklärt sich auch der Satz aus dem Prolog: „Die Welt der Angestellten ist zeitlos. Vielleicht ist auch die deutsche Soziologie zeitlos?" (11).

Vom Ende her gelesen und mit Blick auf das 'Gewerkschaftsdilemma' legt Kern eine bzw. seine persönliche 'Abrechnung' mit der organisierten Angestelltenschaft im gewerkschaftlichen Organisationrahmen der IG Metall vor. Ein desillusionierter IGM-Sekretär zieht die Bilanz seiner beruflichen Tätigkeit im Gewerkschafts-Apparat. Geprägt ist der Rückblick von persönlichen Erlebnissen und Einschätzungen, von statischem Material sowie internen, organisationssoziologischen Problemlagen. Die kleinen und großen Bilanzen, sie alle desavouieren die moderne, technikaffine Kultur der Angestellten, das 'Personal Styling' (nr. 9), die 'Neue Mitte golft', die 'Shopping' Attitüde (nr. 11), oder die Einlassungen zu 'Jeep – vom Kampf in der Zweiten Natur' (nr. 12). Viel Spott ist hier zu lesen und wenig soziologische bzw. sozialwissenschaftliche Expertise.

Eine immanente Kritik, die *Pierre Bourdieus* Habitus-Begriff theoretisch aufgreift oder sich bspw. der 'immateriellen Arbeit' annimmt, wie sie der Tätigkeit der technischen Angestellten (u.a. Ingenieuren*innen) eigen ist und von *André Gorz* mit Blick auf den Wandel moderner Arbeitsgesellschaften reflektiert wird, vermisst man bei der Lektüre schmerzlich. Die vielbeschworene Organisationsfrage sowie eine kritische Auseinandersetzung mit Tarifpolitik „als Kernelement autonomer Gestaltungsmacht" (Hofmann/Benner, 229ff.) würde vor diesem Horizont in einem anderen Licht erscheinen. Das 'Gewerkschaftsdilemma' korrespondiert fraglos mit der Tradition von 'Männerbünden' und einer 'Distanz der Frauen' zur IG Metall (121) – der derzeit bei Gerichten anhängige so genannte Diesel-Skandal weist in diese Richtung –, gleichwohl stellt sich die Frage, wie halten es die Gewerkschaften, namentlich die IG Metall als weltgrößte Branchengewerkschaft, mit der technischen Kultur im nationalen und internationalen Maßstab – mit Technik *an sich* und Technik *für sich*. Auch die technischen Angestellten haben dazu eine Meinung, die über weiße Strände und Golf-Areale hinausweist. Fehlt es (möglicherweise) an geeigneten Diskussionsforen? Insofern ist ein zweiter Band notwendig resp. wünschenswert, der 'soziologische Phantasie' (Negt) walten lässt und die Entfremdung der im Band adressierten Subjekte als Bestandteil des kulturellen Arbeitslebens und in einem gesamtgesellschaftlichen Zusammenhang diskutiert.

> „Aber man ist es auch im eminenten Sinn [(als ein) in Dienst genommener Konsument der Dinge, F.S.], eingereiht in die Heerschar der Sachbearbeiter, eingeklemmt zwischen nachdrängendem Trainee und Abteilungsleiter (...). Die Lebensperspektive erzeugt ein Gefühl zwischen Hoffen und Bangen" (25).

Hier nimmt der Halbbildungs-Diskurs fraglos Fahrt auf. Wie geht's weiter?

*Literatur*

Jörg Hofmann/Christiane Benner (Hrsg.) (2019): Geschichte der IG Metall. Zur Entwicklung von Autonomie und Gestaltungskraft. Frankfurt a.M.: Bund Verlag

*Friedhelm Schütte*
*Weinholdweg 16*
*14089 Berlin*
*E-Mail: friedhelm.schuette@tu-berlin.de*

# An allem ist zu Zweifeln! Eine Analyse des Sozialstaats zwischen Aufklärung und Belehrung

Über: *Renate Dillman/Arian Schiffer-Nasserie 2018: Der soziale Staat. Über nützliche Armut und ihre Verwaltung. Ökonomische Grundlagen. Politische Maßnahmen. Historische Etappen. Hamburg: VSA-Verlag, 298 Seiten, ISBN 978-3-89965-885-9, 19,80€ (gebundene Ausgabe)*

Auf dem blauen Band, den ein rotäugiger Bundesadler ziert, befinden sich neben dem Titel 47 Stichworte in alphabetischer Reihenfolge: von „Agenda 2010" über „Krankenversicherung", „Klassenkampf" und „Mutterschutz" bis zur „Zeitarbeit". Damit erweckt der Band – sicher nicht ohne Absicht – den Eindruck eines Handbuchs, Lehrbuchs oder Lexikons. Man merkt: hier geht es ums Grundsätzliche. Denn die Autor*innen sehen im gesellschaftlichen, wissenschaftlichen und politischen Diskurs über den Sozialstaat in Deutschland nicht nur erhebliche Mängel, sondern grundsätzliche Fehler.

Die Gliederung ist sehr übersichtlich und gut nachvollziehbar: die Untersuchung beginnt mit den ökonomischen Grundlagen in Teil 1, analysiert Maßnahmen und Handlungsfelder des Sozialstaats in Teil 2 und zeichnet in Teil 3 die Etappen der historischen Entwicklung nach. Damit soll gezeigt werden, dass der deutsche Sozialstaat so wie er ist nicht „Resultat zufällig aufeinanderfolgender Ereignisse oder subjektiver Einfälle und Entscheidungen einzelner Herrscher-Figuren ist" oder gar „Ausdruck einer ideengeschichtlichen Auseinandersetzung, in der verschiedene Gerechtigkeitskonzepte [...] gerungen" hätten (158).

Beiden Erklärungsmodellen wird eine prinzipielle Absage erteilt, womit der Zugang zur vorliegenden Sozialstaatsanalyse klar ist: „Die 'Idee' blamierte sich immer, soweit sie von dem 'Interesse' unterschieden war." (MEW Bd. 2: 86). Dem ist – auch mit Max Weber – grundsätzlich zuzustimmen. Die absolute Absage an die Relevanz von Ideen und Gerechtigkeitsvorstellungen erscheint uns jedoch fragwürdig und verkürzt: „Interessen (materielle und ideelle), nicht: Ideen, beherrschen unmittelbar das Handeln der Menschen. Aber die 'Weltbilder', welche durch 'Ideen' geschaffen wurden, haben sehr oft als Weichensteller die Bahnen bestimmt, in denen die Dynamik der Interessen das Handeln fortbewegte" (Weber 1915: 252). Das Zusammenspiel von Ideen, Interessen, Geschlechterverhältnissen und Institutionen (bspw. mit Blick auf Pfadabhängigkeiten, die auf S. 158 zumindest genannt werden, jedoch untergeordnet bleiben) auf Basis der hier betonten grundlegenden Funktion des Sozialstaats (Lessenich 2012) wird als analytischer Zugang abgelehnt – auch wenn dieses Zusammenspiel sich in den weiteren, detaillierten und fundierten Teilen durchaus erkennen ließe.

Zu Recht, wenn auch etwas einseitig, bestehen die Autor*innen des Bandes darauf, dass das „'Allgemeinwohl', für das Sozialpolitik steht, Produkt einer Auseinandersetzung von Interessen ist" (158). Im historischen Teil soll jedenfalls für die Leser*innen nachvollziehbar werden, wie „das staatliche Recht, die geltenden Regelungen und Institutionen" aus „spezifischen Interessens- und Machtkonstellationen hervorgegangen" ist und dann zu dem „sozialen Staat" wird – mit einem objektiven staatlichem Willen und Zweck (158). Den Abschluss der Untersuchung bildet ein Fazit, in dem „der soziale Staat“ anhand von ökonomischen Grundlagen, politischen Maßnahmen und historischen Etappen der Sozialpolitik auf den Punkt gebracht wird. Die einzelnen Unterkapitel sind für eilige Leser*innen mit Zwischenfaziten und die großen Kapitel mit Faziten abgeschlossen. Solchen eiligen Leser*innen entgehen dann allerdings die mit fleißig recherchiertem, aktuellem und historischem Material unterfütterten Analysen sowohl der sozialstaatlichen Handlungsfelder als auch der historischen Etappen.

Die Zielgruppe des blauen Bandes sind „Studierende des Sozialwesens und der Sozialwissenschaften“, „Gewerkschafter*innen und Multiplikatoren der politischen Bildung“ und „[v]or allem (...) die Betroffenen selbst, die sich über die ökonomischen Ursachen, die sozialpolitischen Zielsetzungen und die historische Entwicklung ihrer ‘alternativlosen’ sozialpolitischen Zurichtung ein unvoreingenommenes und schonungsloses Bild machen wollen, weil sie sich mit ihrer unzulänglichen Lage dauerhaft nicht abfinden können“ (9). „Betroffene“ sind (mehr oder weniger stark) letztlich alle lohnabhängig Beschäftigten, dies müsste dort freilich noch hinzugefügt werden.

Das Alleinstellungsmerkmal der hier vorgebrachten kritischen Position zu (Sozial) Staat und Kapitalismus liegt nach dem Standpunkt der Autor*innen in den Fehlern des interessegeleiteten und idealisierenden Diskurses in Sozialwissenschaft und Politik über den Sozialstaat. Trotz aller vorgebrachten Kritik, bleibe diese immanent und stelle die Sinnhaftigkeit des sozialen Staates nicht in Frage. Daher seien diese Positionen „geschlossen voll des Lobes“ (8) für den Sozialstaat als solchen. Unterstellt wird, dass alle Positionen diesen auf Schutz und Hilfe reduzieren und Interessenkämpfe, Befriedung, Herrschaft, Funktionalität und Notwendigkeit sozialstaatlicher Regelungen für die Verwertungsinteressen kapitalistischen Wirtschaftens nicht thematisieren. Die in der Einleitung aufgeworfenen Fragen, z.B. „Wieso gehören die Versorgung der Menschen und die Rücksichtnahme auf ihre sozialen Belange nicht zum Auftrag der Ökonomie selbst“ oder „Warum ist das ‘Soziale’ getrennt von ‘der Wirtschaft’ überhaupt eine gesonderte Staatsaufgabe?“ oder „Wieso gibt es ‘soziale Ungleichheit’, die ‘ausgeglichen’ werden muss?“, „Worin bestehen die angesprochenen ‘Lebensrisiken’?“ sind aus Sicht der Autor*innen Fragen, die außer ihnen fast niemand stellt. Vor allem scheinen es Fragen zu sein, auf die sie allein die richtigen Antworten geben. Alle anderen verlaufen/verirren sich offenbar in Konflikten über das „Ausmaß, die Folgen und die Gerechtigkeit der [je] aktuellen Maßnahmen“, ohne den sozialen Staat in seinem Kern zu hinterfragen: „Sozialstaat und Sozialpolitik werden in der Gesellschaft und Wissenschaft gleichermaßen dafür gerühmt, dass sie organisierte staatliche *Hilfe* darstellen. Sie gelten als Gütesiegel modernen Staaten“ (9).

Eine solche Position zeugt von Herablassung nicht nur gegenüber Sozialstaatsdiskussionen, wie sie in den WIDERSPRÜCHEN seit ihrem Bestehen geführt werden, sondern auch gegenüber wissenschaftlichen Positionen und Analysen von Lehnhart/Offe (1977) (Sozialstaat als Akteur der Verlohnarbeiterung) über Castels „Metamorphosen der sozialen Frage“ (2008), Lessenichs „Theorien des Sozialstaats“ (2012) und regulationstheoretische (Sozialstaats) Analysen (bspw. Steinert/Resch 2009) bis hin zu feministischen Kritiken der kapitalistischen Ökonomie und Staatlichkeit, etwa von Christel Neusüß, Adelheid Biesecker, Gabriele Winker oder Tove Soiland. Last not least sei hier auch das jüngste „Staatsheft“ der WIDERSPRÜCHE (Heft 144) genannt, in dem Kannankulam (2017) die materialistische Staatsdebatte vorstellt und reflektiert. Neben diesen hier nur exemplarisch genannten Wissenschaftler*innen gibt es reichlich weitere Texte, auch aus explizit politisch-aktivistischen Zusammenhängen, in denen das Verhältnis von Staat, Kapitalismus und Sozialstaat kritisch und umfassend debattiert wurde und wird.

In Teil 1 zu den ökonomischen Grundlagen (11-31) wird in gut verständlicher Sprache die marxsche Analyse des Verhältnisses von Lohnarbeit und Kapital nacherzählt und der entsprechende Interessen- und Klassengegensatz herausgearbeitet. Die vorgebrachten Argumente zum besonderen Charakter der Ware Arbeitskraft, zum Zwang der eigentumslosen Lohnarbeiter*innen, ihre Arbeitskraft verkaufen zu müssen, da sie keine andere Einkommensquelle haben, werden sogar in einem übersichtlichen Schema „Das Lohnverhältnis in der Marktwirtschaft“ (27) zusammengefasst. An dessen Ende steht eine Schlussfolgerung, die Leser*innen, die sich mit Sozialstaat und Sozialpolitik im Kapitalismus befassen, keinesfalls fremd sein dürfte: „Der Ausgangspunkt der Sozialpolitik ist die auf dem Lohn als Mittel der Eigentumsvermehrung gründende Notlage“. Damit ist der historische Ausgangspunkt zwar richtig und klar beschrieben, dennoch ließen sich für das Programm des Social Investment State, wie er aktuell politisch aktiviert wird, noch weitere Ausgangspunkte nennen, die ebenfalls mit der Reproduktion der lohnabhängigen/proletarischen Existenz bzw. der Reproduktion der besonderen Ware Arbeitskraft und ihrer Haushalte zusammenhängen. Die hier vorgenommene Fokussierung auf ‘eine Wahrheit’ ist einerseits eindrucksvoll und konsistent. Die zur Wissenschaft, insbesondere zu einer sich kritisch verstehenden, notwendig gehörende reflexive Argumentation, die sich mit erweiternden und gegensätzlichen Positionen auseinandersetzt und das eigene Argument daran schärft und weiterentwickelt, wird jedoch kaum geführt. Das ist schade, da der Band – entsprechend seiner Absicht und Zwecksetzung – viele unbequeme und ‘desillusionierende’ (284) Analysen gut nachvollziehbar aufbereitet, sich auf diese Weise allerdings der kritischen Auseinandersetzung mit den eigenen Argumenten entzieht und stellenweise in normativen Be- und Abwertungen ergeht.

Deutlich wird dies an dem im ersten Kapitel verorteten Exkurs zu den Fehlern der Armutsforschung. Diese ignoriere, so die Verfasser*innen, die Existenz „qualitativ verschiedener Einkommensquellen (Kapital, Lohnarbeit, Grundeigentum)“ (29) und rede nur von quantitativer Einkommensverteilung. Damit werde der „ökonomische Zusammenhang zwischen Einkommensart und Einkommenshöhe kategorisch ausgeschlossen“ (29). Aus der – hier als „zutreffend“ markierten – Feststellung, Armut immer relational bzw. relativ zum Reichtum zu betrachten, lande die „Armutsforschung konsequent falsch“ (ebd.) bei der Aussage, dass Armut letztlich eine normativ umstrittene Definitionssache sei. Indem die Armutsforschung Armut immer als Abweichung vom mittleren Einkommen definiere, gelänge ihr die „ideologische Großleistung“, Armut per definitionem zu einem Minderheitenphänomen zu machen. Schließlich wird kritisiert, dass die Frage der Armutsforschung nach Faktoren, die das Armutsrisiko erhöhen, zwar bei Notlagen landen, diese jedoch ausschließlich als Konkurrenznachteile auf dem Arbeitsmarkt (Gesundheitszustand, Vereinbarkeit Familie-Beruf, Migrationsgeschichte) betrachten, ohne nach den Ursachen dieses Elends zu fragen. Werden solche Ergebnisse der Armutsforschung von den Autor*innen noch als „gelehrige Dummheit" (30) klassifiziert, so wird die Rede von der „sozialen Spaltung" oder darüber, wie viel Armut die Gesellschaft ertrage, als „Gemeinheit" (ebd.) bezeichnet. Denn all diese kritischen Armutsforscher*innen „bangen weniger um die Armen als um den Zusammenhalt der Gesellschaftsordnung die sie vom Reichtum ausschließt" (30).

Die Schlussfolgerung der Autor*innen lautet, dass die Wissenschaftler*innen und Verbandsvertreter*innen ein „parteiliches Erkenntnisinteresse" haben. Diese Perspektive interessiere sich eben nicht für ökonomische Gründe und Zusammenhänge der Lebenssituation von Armen im Reichtum, sondern nur „für die Risiken, die das für jenen Staat birgt, der die Armen so zuverlässig hervorbringt und verwaltet" (31). Dass der Staat Armut verwaltet ist fraglos richtig, dass er Armut hervorbringen soll, verwundert als Argument gerade bei der in dem Band vorgetragenen Position, die immer wieder auf die ökonomischen Verhältnisse als Grundlage der Misere besteht. In dieser Argumentation scheint der Staat dann doch zum „deus ex machina" oder zum „homogene[n] Subjekt einer höheren Vernunft oder einer teuflischen Idee" (158) zu werden, der die Gesellschaft im Griff hat bzw. in den Griff nimmt, auch wenn ebendies auf derselben Seite (158) bestritten wird. Den eigenen Begriff von Armut der Autor*innen findet man z.B. im Fazit: „Der kapitalistische Reichtum beruht auf der Armut jener, die ihn als Lohnabhängige mit ihrer Arbeit herstellen, vermehren und verwalten. Arm sind sie, die Lohnabhängigen, weder 'irgendwie' und schon gar nicht in Abhängigkeit vom 'jeweils zugrunde liegenden Definitions- und Wertmaßstab' der Sozialwissenschaften. Arm sind sie, weil sie ausgeschlossen sind von Produktionsmitteln, um in der 'Marktwirtschaft' am gültigen Wert(!)Maßstab selbständig Waren zu produzieren, zu verkaufen und damit Geld zu verdienen. In diesem objektiven – weil am Maßstab dieser Gesellschaft gültigen – Sinn sind sie absolut arm. Das begründet überhaupt ihre Lohnabhängigkeit" (274). Armut ist hier also allein der Nichtbesitz an Produktionsmitteln. Arm ist damit die lohnarbeitende Klasse insgesamt. Eine Hierarchie innerhalb der Lohnarbeit(enden), Milieus oder eine Hierarchisierung des Elends kann es danach wohl nicht geben, weil man dann Ungleichheiten und Differenzen innerhalb dieser Klasse (und die dort vorhandenen Interessenkonflikte) betrachten müsste, was vom Standpunkt der Autor*innen offenbar ein Fehler wäre.

Die Ausführungen zu den sozialstaatlichen Maßnahmen und Handlungsfeldern im zweiten Teil sind durchgehend so gegliedert, dass jeweils die Notlage und ihr Zusammenhang zur Lohnabhängigkeit dargestellt werden. Analysiert wird, wie der Sozialstaat sie *„aus seiner Warte* zur Kenntnis" (34) nimmt und daraus sozialstaatliche Maßnahmen ableitet. Auch diese Herangehensweise ist der sozialwissenschaftlichen und politischen Sozialstaatsforschung keineswegs fremd. Was staatlicherseits zum zu bearbeitenden und damit 'sozialen' Problem wird, ist Ergebnis politischer Interessenkämpfe über gesellschaftliche Verhältnisse, in denen es sowohl um die Definition des Problems geht (i.d.R. individualisierend), als auch immer darum, in welches Verhältnis staatliche Verantwortung/Finanzierung und private Verantwortung der Bürgerinnen und Bürger gesetzt wird. Und damit um die Frage, wie (und von wem) die definierten Probleme oder Konflikte bearbeitet werden sollen (damit wären wir allerdings schon sehr dicht an Ideen, Regulationsweisen und Konflikten um Hegemonie, die nicht so Recht zu dem hermetischen Staatsverständnis der vorgelegten Untersuchung passen).

Die Kapitel über „Ehe, Familie Kinder", „(Aus)Bildung", „Wohnen", „Arbeit, Arbeitslosigkeit", „Krankheiten", „Alter", „Pflegebedürftigkeit", „Menschen mit Behinderungen", „Existenzsichernde Maßnahmen" sind gut zu lesen. Die jeweiligen Fazite sind im Wesentlichen Proklamationen des Standpunkts der Kritik der Autor*innen zum vorgestellten Feld. Positiv und in der Argumentationsweise des Bandes konsequent ist bspw. die Breite, in der auf gesundheitliche Belastungen und Schädigungen aufgrund von Lohnarbeit und den Umgang damit eingegangen wird. Auch wenn es den Autor*innen sicher widerstrebt, lassen sich diese Kapitel ebenso wie die folgenden über die historische Entwicklung (Teil 3) sehr gut als Steinbruch nutzen, aus dem schlagkräftige Argumente und Illustrationen (z.B. zur paritätischen Finanzierung, zur Demografie oder zu Migration und Unterbietungskonkurrenz der Lohnarbeitenden) für politische Positionen und analytische Zugänge ziehen kann. So verweist bspw. das Kapitel zu Ehe, Familien und Kindern sehr deutlich auf die Mittelschichtsorientierung der bundesdeutschen Sozialpolitik (und damit auf Interessenkonflikte und -gegensätze innerhalb der Klasse der Lohnarbeitenden). Solche Umgangsweisen wären jedoch mit hoher Wahrscheinlichkeit des in diesem Band kritisierten „Sozialstaatsidealismus" mindestens verdächtig.

Die insgesamt sehr fundierte und gründliche Aufbereitung in diesem Teil verleiht dem blauen Band zweifellos einen hohen Gebrauchswert. Gleichzeitig ist auch hier – an vereinzelten Stellen – ein genauerer Blick notwendig: So befeuert die Aussage, dass fast täglich ein Kind in Deutschland aufgrund von Misshandlungen zu Tode kommt (43), die aktuell dominierende Tendenz in der Kinder- und Jugendhilfe, fast ausschließlich mit der Kategorie der Kindeswohlgefährdung zu operieren (vgl. dazu WIDERSPRÜCHE Heft 149). Der Beleg dieser Aussage mit Schätzungen von Tsokos und Guddat, ist nicht nur äußerst dünn, vielmehr befördern solche (falschen) Dramatisierungen das von den Autor*innen anschließend zu Recht kritisierte repressive (und selektive) Eingreifen der staatlichen Instanzen.

In diesem zweiten Teil findet man auch einen Exkurs zur Sozialen Arbeit, der ihre kompensatorische und kontrollierende Funktion kritisiert und damit endet, dass sich Studierende oder Praktizierende der Sozialen Arbeit doch „mit den ökonomischen Grundlagen und politischen Maßnahmen des sozialen Staates" auseinandersetzen sollen (151). „Das kann sogar dabei helfen, die Klienten nicht mit falschen Ansprüchen zu traktieren und selbst nicht an den eingebildeten Vorstellungen über die Bedeutung der Profession zu verzweifeln" (151). Auch hier ist nicht davon die Rede, ob und wie sich Professionelle aus der Sozialen Arbeit organisieren und/oder politisch gegen gesellschaftliche Verhältnisse bewegen könnten, die ihren Beruf erst nötig macht (und schon gar nicht, wo sie dies – wenn auch keinesfalls in Massen – bereits versuchen). Auch diesbezüglich, so unsere Befürchtung, kann aus Sicht der Autor*innen nur etwas herauskommen, das Illusionen über Politik und Staat in der kapitalistischen Gesellschaft befördert bzw. diesen auf den Leim geht.

Im dritten Teil, der Beschreibung der „Historischen Etappen: Von der Armenfürsorge zur Geschäftssphäre" (157-272) wird – immer am Beispiel Deutschlands – und mit vielen verarbeiteten Quellen die Entstehung und Entwicklung von Sozialstaatlichkeit nachgezeichnet und interpretiert. Die Befreiung der Landbevölkerung in der ursprünglichen Akkumulation im Rahmen der preußischen Reformen zu Menschen ohne Subsistenzmittel außer ihrer Arbeitskraft, für die sie Käufer suchen müssen, die Anfänge der Arbeiterbewegung, des Arbeitsschutzes und kollektiver gegenseitiger Sicherungen, der Aufbau der Sozialversicherungen in der typischen Trennung von „Arbeiterpolitik" und „Armenpolitik" (Versicherung/Fürsorge), die Klassenkämpfe nach dem ersten Weltkrieg, die Sozialpolitik der Weimarer Republik, der nationalsozialistische Sozialstaat mit seinem „unerbittlichen Sortierungsstandpunkt" (212), die kapitalistische Restauration in der BRD und der „Sozialstaatsidealismus an der Macht" in der DDR (226). Die Phase nach 1989 und schließlich die Ökonomisierung der Sozialpolitik im Rahmen der Agenda 2010 sind die im Weiteren – sehr gründlich und fundiert – betrachteten Stufen. Auch hier finden sich in den Zwischenfaziten immer die Standpunkte der Autor*innen zur sozialen und politischen Lage. Durchgängig wird dabei der Konflikt fokussiert, dass die kapitalistische Ökonomie sozialstaatliche Regelungen einerseits braucht, um den Raubbau an den Menschen, die die Ware Arbeitskraft besitzen oder diese zukünftig verkaufen sollen, zu beschränken und deren nachhaltige Nutzung zu ermöglichen, und dass diese sozialstaatlichen Regelungen andererseits Geld kosten. Versuche der Arbeiterbewegung oder von Parteien, soziale Verbesserungen zu erzielen, werden als in einem Dilemma befangen beschrieben: um den Sozialstaat besser auszustatten muss dessen ökonomische Grundlage funktionieren. Will der Staat in der Konkurrenz zu anderen (nationalen) Wirtschaften erfolgreich sein, „muss das 'Soziale' den Konkurrenzanforderungen gemäß zugerichtet werden" (283). Das jüngste Beispiel sei die Agenda 2010 mit der Senkung des Lohnniveaus und der Prekarisierung des „Arbeitsvolks" (283).

Am Ende des Fazits zum sozialen Staat stehen Aussagen, dass weder eine „sozialistische Revolution à la DDR" noch sozialdemokratische Reformen „Perspektiven für diejenigen, die vom Verkauf ihrer Arbeitskraft leben müssen" darstellen können (284). Die erwartbaren Alternativen liegen, solange „die Lohnabhängigen in Deutschland (...) weiterhin an die Vereinbarkeit ihrer Anliegen mit der herrschenden Ordnung, mit 'ihrem sozialen Staat' glauben" aus Sicht der Autor*innen offenbar wesentlich in Rassismus, Antisemitismus, Nationalismus . „Bessern wird sich ihre soziale Lage dadurch gewiss nicht" (284). Auch damit ist ein wesentlicher Aspekt gegenwärtiger sozialer Konflikte klar angesprochen und begründet, die Einordnung und die Perspektiven bleiben jedoch – explizit – „desillusionierend" (ebd.). Für die Autor*innen gibt es kein „happy end", „sofern die Betroffenen auf der Basis (sozial)staatsidealistischer Ideologien weiter willens sind, ihren 'Lebenskampf' unter herrschenden Bedingungen zu führen. Es rettet uns eben kein höheres Wesen (...) und gewiss auch kein sozialer Staat" (285). Aus dieser Warte, die mit dem blauen Band „um etwas Aufklärung" (285) bemüht ist, werden soziale Kämpfe, Klassenkampf und politische Auseinandersetzungen wohl notwendig zu sinnloser und falscher Praxis.

Es kommt uns fast vor wie bei „täglich grüßt das Murmeltier": eine ewige Schleife von Staatsidealismus, bei dem die Gesellschaft und ihre Akteure immer landen, so lange sie nicht ausreichend aufgeklärt sind. Denn der Ausweg aus diesem falschen Leben kann – so liest sich der Abschluss ernüchternd (und das ist ja die Absicht des Bandes) – wohl nur in der Aufklärung darüber bestehen, wie und warum es falsch ist. In diesem Sinne liest sich der blaue Band über den sozialen Staat jedoch weniger als Lehrbuch, sondern vielmehr als Buch der Belehrung. Er kann aber auch – reflexiv und in Anerkennung der vielen treffenden Analysen und Argumente – als gut sortierter Steinbruch von hoher Qualität gelesen und genutzt werden. Dazu gehört es jedoch, auch jegliche Form der Aufklärung zu hinterfragen. Wie Karl Marx seiner Tochter Jenny ins Album schrieb: „An allem ist zu zweifeln."

*Wolfgang Völker*
*Basselweg 65*
*22527 Hamburg*
*E-Mail: wolfgangvoelker@posteo.de*

*Tilman Lutz*
*Hochschule für Soziale Arbeit und Diakonie*
*Horner Weg 170*
*22111 Hamburg*
*E-Mail: tlutz@rauheshaus.de*

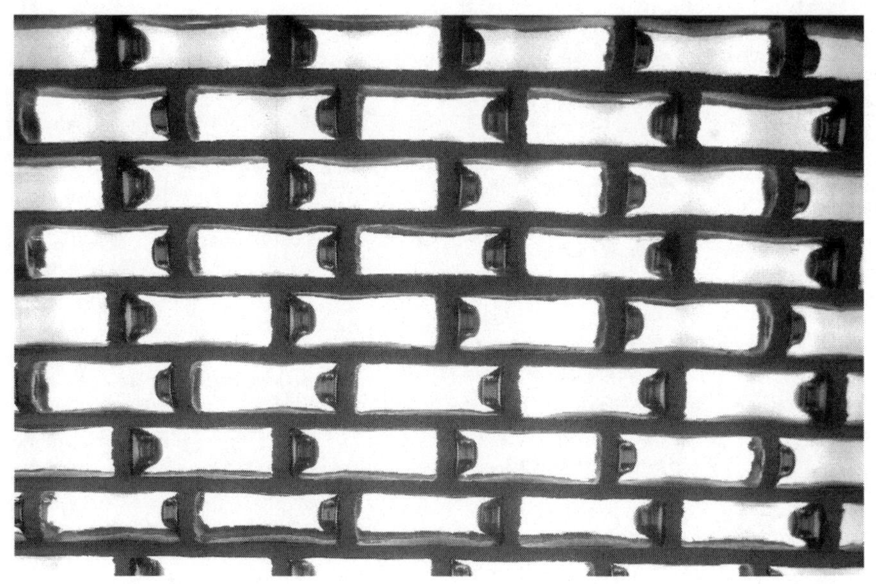

Timm Kunstreich

# Umgang mit dem Corona-Virus: das Modell „Söder" und das Modell „Ramelow"

Ende Mai 2020 gab es einen heftigen Schlagaustausch zwischen dem Ministerpräsidenten von Thüringen und seinen 15 AmtskollegInnen. Stellvertretend für diese drohte der Ministerpräsident von Bayern mit nicht weiter spezifizierten Konsequenzen. Es klang aber so, als stehe er kurz davor, in Thüringen einzumarschieren, um dort bayrisches Recht zu exekutieren. Liest man die Kernaussagen der von beiden Ministerpräsidenten erlassenen Verordnungen, unterscheiden sie sich auf den ersten Blick nur wenig. Beide regulieren den Kontakt in Corona-Zeiten von Personen in der Öffentlichkeit und in Haushalten. Auf den zweiten Blick allerdings lässt sich feststellen, dass es sich hier um zwei nicht nur unterschiedliche, sondern gegensätzliche Modelle handelt, wenn man sie entsprechend sozialwissenschaftlich rahmt.

Bodo Ramelow ließ in seiner Verordnung verkünden:

> § 1 Mindestabstand
> (1) Wo immer möglich und zumutbar, ist ein Mindestabstand von wenigstens 1,5 Metern einzuhalten.
> (2) Absatz 1 gilt nicht für Angehörige des eigenen Haushalts und Angehörige eines weiteren Haushalts. Satz 1 gilt entsprechend für Personen, für die ein Sorge- oder Umgangsrecht besteht.
>
> § 2 Kontaktbeschränkung
> Jede Person ist angehalten, die physisch-sozialen Kontakte zu anderen Personen möglichst gering zu halten. Es wird empfohlen, sich nur mit Personenmehrheiten nach § 1 Abs. 2 oder mit nicht mehr als zehn sonstigen Personen aufzuhalten und den Personenkreis, zu dem physisch-sozialer Kontakt besteht, möglichst konstant zu halten.[1]

(Es folgen detaillierte Regelungen für einzelne Bereiche)

---

1 Corona in Thüringen (rev. 12.6.2020)

**Widersprüche.** Verlag Westfälisches Dampfboot, Heft 158, 40. Jg. 2020, Nr. 4, 122 – 128

In der entsprechenden Verordnung von Markus Söder heißt es:

> Am 6. Mai 2020 ist die allgemeine Ausgangsbeschränkung entfallen. Die bestehende Kontaktbeschränkung und das Distanzgebot gelten fort. Jede und jeder ist demnach angehalten, die physischen Kontakte zu anderen Menschen außerhalb der Angehörigen des eigenen Hausstands auf ein absolut nötiges Minimum zu reduzieren. Wo immer möglich, ist ein Mindestabstand zwischen zwei Personen von 1,5 Metern einzuhalten. Ansammlungen im öffentlichen Raum bleiben verboten.
> Der Aufenthalt mehrerer Personen im öffentlichen oder privaten Raum ist zulässig, wenn er höchstens den Kreis folgender Personen umfasst:
> - Ehegattinnen und Ehegatten,
> - Lebenspartnerinnen und Lebenspartner,
> - Partnerinnen und Partner einer nichtehelichen Lebensgemeinschaft,
> - Verwandte in gerader Linie,
> - Geschwister sowie
> - Angehörige eines weiteren Hausstandes.[2]

(auch hier gibt es detaillierte Regelungen zu allen denkbaren Bereichen)

Der zentrale Unterschied zwischen beiden Verordnungen liegt in dem bayerischen Verbot von *Ansammlungen im öffentlichen Raum*. In Thüringen bleibt es bei der Empfehlung, vorsichtig zu sein. Dieser „kleine Unterschied“ markiert den Gegensatz zwischen zwei Modellen, wobei die Bezeichnung „Modell“ auf die idealtypische (Re-)Konstruktion aufmerksam macht. Für beide Modelle habe ich berühmte Paten gefunden, für das Modell „Söder“ Michel Foucault und für das Modell „Ramelow“ Philipp Ariès.

Foucault unterscheidet zwei Grundmodelle in der beginnenden Neuzeit, um mit Seuchen fertig zu werden. Das eine ist das Modell „Lepra“, das Modell der Ausschließung. Es ist die Verbannung der Krankheit aus der städtischen Gesellschaft. Alle als krank Erkannten werden ohne Unterschied vor die Stadt gebracht in ein gesondertes Gebiet für die Infizierten. „Der Leprakranke wird verworfen, ausgeschlossen, verbannt: ausgesetzt; draußen lässt man ihn in einer Masse verkommen, die zu differenzieren sich nicht lohnt“ (Foucault 1976: 254 f.).

Das andere Grundmodell ist das der „Pest“. Es ist das

> „rigorose Parzellieren des Raumes: Schließung der Stadt und des dazugehörigen Territoriums ... Aufteilung der Stadt in verschiedenen Viertel ... Jede Straße unter die Autorität eines Syndikus gestellt, der sie überwacht; [der Kontakt zwischen den Häusern muss so organisiert sein, dass eine Versorgung] ohne Berührung zwischen den Zulieferern und den Bewohnern [möglich wird]. ... Der Raum erstarrt zu einem

2 Corona in Bayern (rev. 12.6.2020)

> Netz von undurchlässigen Zellen. Jeder ist an seinen Platz gebunden. Wer sich rührt, riskiert sein Leben: Ansteckung oder Bestrafung" (a.a.O.: 251).

Foucault hätte seine Freude an der jetzt in Frankreich eingeführten Corona-App gehabt, denn sein analytischer Befund liest sich wie eine Prophetie:

> „Die Registrierung des Pathologischen muss lückenlos und zentral gelenkt sein ... Dieser geschlossene, parzellierte, lückenlos überwachte Raum, innerhalb dessen die Individuen in feste Plätze eingespannt sind, die geringsten Bewegungen kontrolliert und sämtliche Ereignisse registriert werden, eine ununterbrochene Schreibarbeit das Zentrum mit der Peripherie verbindet, die Gewalt ohne Teilung in einer bruchlosen Hierarchie ausgeübt wird, jedes Individuum ständig erfasst, geprüft und unter die Lebenden, die Kranken und die Toten aufgeteilt wird – dies ist das kompakte Modell einer Disziplinierungsanlage" (a.a.O.: 253).

Diese beiden Grundmodelle sind aber nicht unvereinbar. Die damit verbundenen gesellschaftlichen Vorstellungen ergänzen einander. „Einmal ist es der Traum von einer reinen Gemeinschaft, das andere Mal der Traum von einer disziplinierten Gesellschaft" (a.a.O.: 255).

> „Seit Beginn des 19. Jahrhunderts arbeitet die Disziplinargewalt daran, die 'Aussätzigen' wie 'Pestkranke' zu behandeln, die sublimen Unterteilungen der Disziplin auf den amorphem Raum der Einsperrung zu projizieren, diesen Raum mit den Methoden der analytischen Machtverteilung zu durchsetzen, die Ausgeschlossenen zu individualisieren, aber auch mit Hilfe der Individualisierungsprozeduren die Auszuschließenden zu identifizieren" (a.a.O.: 255 f.).

Foucault nennt als Beispiele das psychiatrische Asyl, die Strafanstalt, das Besserungshaus oder das Erziehungsheim. Sie garantieren die hegemoniale Zweiteilung und Stigmatisierung: wahnsinnig – nicht wahnsinnig, gefährlich – harmlos, normal – anomal (vgl. a.a.O.: 256).

Das Modell „Söder" enthält alle Merkmale einer Disziplinarordnung, allerdings angereichert um Elemente der Selbstkontrolle, wie es der neoliberalen Dominanz entspricht (vgl. Kessl 2005; Lutz 2010). Es ist das klassische und – wie China gezeigt hat –auch ein erfolgreiches Präventionsmodell. Solange kein Impfstoff gegen den Virus gefunden ist, geht es darum, jeden angesteckten Menschen möglichst schnell zu identifizieren, die Ansteckungskette zu verfolgen, die möglicherweise Infizierten in die Quarantäne zu bringen, die Kranken unter höchsten Schutzmaßnahmen zu versorgen, um auf diese *pro-aktive* Weise eine weitere Ausbreitung nicht nur zu verhindern, sondern – im Idealfall – den Virus auszutrocknen. Es geht um Verhindern, Eindämmen und Vorbeugen. Dazu bedarf es

– eines flächendeckenden Top-down-Programms, das eindeutige kausale Zuordnungen erlaubt: *wenn Fieber und starker Husten, dann Test; wenn Test positiv, dann Isolation/Quarantäne ggf. Krankenhaus; ...*

- die Verringerung von Komplexität durch eindeutige Verhaltensvorschriften, deren Einhaltung verbindlich kontrolliert wird;
- möglichst gleichförmigen Handelns ohne Ansehen der Person – Arme und Reiche werden dieses Mal gleich behandelt;
- wissenschaftlich eindeutige Belege für die Richtigkeit des Handelns durch Kennziffern, verifizierte Verlaufskurven, eben evidenzbasierte Praxis als institutionalisierter Konsens;
- auf Seiten jedes Gesellschaftsmitgliedes: Akzeptanz der Normen und der ihnen entsprechenden Verhaltensmodifikationen, vor allem Einhaltung der Grenzsetzungen (Abstandsregeln) und Befolgen von Anweisungen der dazu Befugten (Polizisten und medizinische Fachkräfte);

Das Modell „Söder" ist erfolgreich und wird beendet, wenn keine Ansteckung mehr erfolgt. Das bedeutet allerdings nicht, dass der Virus verschwunden wäre. Er wird genauso bleiben wie alle Krankheitserreger von Pandemien vor ihm, nur dass er jetzt inaktiv ist.

Das Modell „Ramelow" ist etwas voraussetzungsvoller als das Modell „Söder", denn es folgt nicht einer einfachen medizinischen Kausalität, sondern dem komplizierten Beziehungsgeflecht handelnder Personen. Es ist ein relationales Modell, das sich im Sinne von Bourdieu als „sozialräumlich" bezeichnen lässt, denn es entsteht durch die Aktivitäten der diesen sozialen Raum konstituierenden Menschen. Der zur Kennzeichnung dieses Raumes häufig verwandte Begriff des Netzes oder der Vernetzung trifft allerdings nur den formalen Aspekt, aber nicht die „Verstrickung" und schon gar nicht Anerkennung und Hass, Liebe und Gewalt. Diese gesellschaftliche Qualität ist in der Idee und dem Konzept von „Sozialität" enthalten, wie Philipp Ariès es in seinen sozialhistorischen Untersuchungen in vielfältiger Weise herausgearbeitet hat. Um die Andersartigkeit moderner Sozialitäten zu kennzeichnen, geht er auf ihren Ursprung vor Beginn der Neuzeit zurück:

> „Für gefühlsmäßige Bindungen und soziale Kontakte war außerhalb der Familie gesorgt; sie entwickelten sich in einem sehr dichten und warmen 'Milieu', das sich aus Nachbarn, Freunden, Herren und Dienern, Kindern und Greisen, Männern und Frauen zusammensetzte und wo man seine Neigung einigermaßen ungezwungen sprechen lassen durfte. Die auf der Ehe basierende Familie ging darin auf. Die französischen Historiker bezeichnen diesen Hang der traditionellen Gemeinschaften zu Zusammenkünften, zu gegenseitigen Besuchen und zu Festen heute als 'Sozialität'" (Ariès 1978: 47).

> „Im Unterschied zur sozial-räumlichen Einheit von Produktion und Reproduktion historischer Sozialität ist jede/jeder von uns heute – entsprechend der vielfachen Ausdifferenzierung von Produktions- und Reproduktionsbereichen, der Trennung von Öffentlichkeit und Privatheit, der Separierung der Geschlechter und der Al-

tersstufen – Mitglied in mehreren Sozialitäten, die sich z.T. überlappen, z.T. unterschiedlichen sozialen Räumen angehören (z.B. Betrieb und Verein; Hamburg und Bielefeld ...) oder z.T. nur zu gewissen Altersstufen (Disco, Kaffeekränzchen) 'passen'" (Kunstreich 2014a: 13 f.).

Aus dieser Perspektive ist weder das (isolierte) Individuum noch die mit allen möglichen Attributen belegte Familie Basis dieser Gesellschaft, sondern Sozialitäten, deren „Membership" (Falck 1997) das gewährleistet, was jeder Mensch braucht: die Anerkennung und Bestätigung seiner Einmaligkeit. Bruno Bettelheim hebt den Widerspruch zwischen sozialer Zugehörigkeit und personaler Einmaligkeit wie folgt auf:

> „Da liegt das Paradoxon: Nur die soziale Solidarität gewährleistet Individualisierung, während persönliche Einzigartigkeit, die sich meist in Gegensatz zu anderen definiert, die Solidarität bedroht. Wir fühlen uns sicher in dem Maße, in dem wir für diejenigen wichtig sind, die Bedeutung für unser Leben haben" (Bettelheim 1978: 257).

Statt weiterer Erläuterungen (vgl. Kunstreich 2014a: 15 ff.) sollte jede Leserin und jeder Leser sich kurz vergegenwärtigen, mit welchen Personen sie oder er befreundet ist, mit wem sie oder er gern zusammenarbeitet, shoppen geht oder Sport betreibt – und mit wem auf keinen Fall. Die Gruppierungen, die dann im Gedächtnis auftauchen, sind genau die Sozialitäten, die hier gemeint sind.

Die sozialen Räume, die Sozialitäten hervorbringen, als Bezugspunkte für einen „sozialverträglichen" Umgang mit der Pandemie sich vorzustellen, ist im Modell „Ramelow" angelegt bzw. enthalten. Die Grundidee dieses Modells ist die Dezentralisierung der Zuständigkeiten für den Umgang mit der Pandemie und damit auch der Verantwortlichkeiten. Das bedeutet allerdings auch, dass die dafür notwendigen medizinischen, personellen und logistischen Mittel und Voraussetzungen so dezentralisiert werden, dass sie den lokal agierenden Sozialitäten in ihren jeweiligen institutionellen Zusammenhängen zur Verfügung stehen. Dann können sofort, wenn eine Infektion auftaucht, gezielt die richtigen Maßnahmen ergriffen werden, wie medizinische Behandlung oder die Verfügung von Quarantäne. Dieses Modell ist in dem Sinne *re-aktiv*, wie es nur auf einen tatsächlichen Infektions-Vorfall reagiert, sich ansonsten aber in einer aufmerksamen Warteposition befindet. Es geht also um Unterstützung, Kooperation und Verlässlichkeit. Dazu bedarf es

- eines Buttom-up-Programms, das regionale/lokale Sozialitäten in die Lage versetzt, mehrdeutige Situationen (multiperspektivisch) kompetent und dialogisch beurteilen;
- der Erhaltung der Komplexität der Situation, um allen Aspekten gerecht zu werden, denn die „Nebenwirkungen" medizinisch-eindeutiger Interven-

tionen sind immer mit zu berücksichtigen, vor allem auf die Sozialitäten der Betroffenen;
- eines möglichst spezifischen Handelns, das sich an der Einmaligkeit der Person und der Situation orientiert;
- Dissens und gegebenenfalls Konflikte um angemessene Reaktionen konstruktiv austragen, auch mit wissenschaftlichen Argumenten;
- auf Seiten jedes „Members“: Ambiguitäts-Toleranz in Bezug auf unterschiedliche Normen, Veränderung der Situation, damit unterschiedliche Optionen möglich werden (kreativer Umgang mit medizinischen Empfehlungen), Nutzen der unterschiedlichen professionellen Kompetenzen.

Lediglich im Endeffekt sind die beiden Modelle identisch: Der Virus ist zwar nie völlig verschwunden, aber er ist nicht mehr bedrohlich. Das Modell „Söder“ stabilisiert allerdings ideologisch den herrschenden Konsens der Alternativlosigkeit zu diesem System, während das Modell „Ramelow“ einen kleinen Vorschein auf mögliche, kritische[3] Transformationen eröffnet.

## *Literatur*

Ariès, Philipp 1978: Geschichte der Kindheit. München

Bettelheim, Bruno (1978): Der Weg aus dem Labyrinth. Leben lernen als Therapie. Frankfurt a.M.

Falck, Hans S. 1997: Membership. Eine Theorie der Sozialen Arbeit. Stuttgart

Foucault, Michel (1976): Überwachen und Strafen. Die Geburt des Gefängnisses. Frankfurt a.M.

– 1992: Was ist Kritik. Vortrag vom 27.05.1978. Berlin

Kessl, Fabian (2005): Der Gebrauch der eigenen Kräfte. Eine Gouvernementaltät Sozialer Arbeit. Weinheim/München

Kunstreich, Timm 2014a: Grundkurs Soziale Arbeit. Sieben Blicke auf Geschichte und Gegenwart Sozialer Arbeit. Bd. I (2014b: Bd. II). 5. Aufl. (vergriffen; kostenloser Download unter: www.timm-kunstreich.de)

Lutz, Tilman 2010: Soziale Arbeit im Kontrolldiskurs. Jugendhilfe und ihre Akteure in postwohlfahrtstaatlichen Gesellschaften. Wiesbaden

*Timm Kunstreich*
*E-Mail: TimmKunstreich@aol.com*

---

3 Kritik im Sinne von Foucault (1992:12): Kritik ist „die Kunst, nicht dermaßen regiert zu werden“.

## Kritische Soziale Arbeit: Eingriffe und Positionen

Liebe Kolleginnen, liebe Kollegen, liebe Leser und Leserinnen,

die Zeitschrift *Widersprüche* bietet seit Heft 133 den Arbeitskreisen Kritische Soziale Arbeit und vergleichbaren Initiativen den Raum und die Möglichkeit, über ihre Positionen, Vorhaben, Publikationen, Kampagnen und andere wichtige Ereignisse zu berichten.

Kurze Texte, knappe Dokumentationen und Ähnliches können wir direkt in diese Rubrik aufnehmen. Längere Texte können mit einem kurzen Aufriss sowie einem entsprechenden Link vorgestellt werden, sodass Leserinnen einen leichten Zugang zum kompletten Dokument haben. Terminankündigungen sind hier nur dann sinnvoll, wenn auf Ereignisse hingewiesen wird, die einen entsprechenden Vorlauf haben.

Koordiniert wird diese Rubrik von Timm Kunstreich, mit dem auch weitere Details besprochen werden können. Die Kontaktadresse zum Senden der Beiträge lautet: TimmKunstreich@aol.com

Die Beiträge werden zu den folgenden Redaktionsschlüssen für die nächsten Hefte entgegengenommen: 10.01.2021 (Heft 159), 10.04.2021 (Heft 160) und 10.07.2021 (Heft 161).

*Die Redaktion*

# Widersprüche

Zeitschrift für sozialistische Politik im Bildungs-, Gesundheits- und Sozialbereich

Gesellschaft als „Diskurs der Wünsche" meint das Verfertigen
des Sozialen im Prozess des sozialen Diskurses,
nicht Unterwerfung unter vorgefertigte Normierungen.
*Niko Diemer (1952 – 1992)*

## Wir über uns

1981/82 gründeten Mitglieder der Arbeitsfelder Gesundheit, Sozialarbeit und Schule des Sozialistischen Büros die Zeitschrift Widersprüche. In dieser Zeit des grünen Aufbruchs und der radikalisierten konservativen Wende versuchten wir eine erste Standortbestimmung als Redaktionskollektiv: „Verteidigen, kritisieren, überwinden zugleich". Unter dieser Programmatik wollten wir als Opposition dazu beitragen, die materiellen Errungenschaften des Bildungs- und Sozialbereichs zu verteidigen, dessen hegemoniale Funktion zu kritisieren und Konzepte zu ihrer Überwindung zu konkretisieren. Zur Überzeugung gelangt, dass eine alternative Sozialpolitik weder politisch noch theoretisch ausreichend für eine sozialistische Perspektive im Bildungs- und Sozialbereich ist, formulierten wir unseren ersten Versuch einer Alternative zur Sozialpolitik als Überlegungen zu einer „Politik des Sozialen". An der Präzisierung dieses Begriffes, an seiner theoretischen und politischen Vertiefung arbeiteten wir, als die Frage nach der „Zukunft des Sozialismus nach dem Verschwinden des realen" 1989 auf die Tagesordnung gesetzt wurde. Das Kenntlichmachen der „sozialen Marktwirtschaft" als modernisiertem Kapitalismus im Westen und Kapitalismus „pur" im Osten erleichtert uns zwar die Analyse, gibt aber immer noch keine Antwort auf die Frage nach den Subjekten und Akteuren einer Politik des Sozialen, nach Kooperationen und Assoziationen, in denen „die Bedingung der Freiheit des einzelnen die Bedingung der Freiheit aller ist" (Kommunistisches Manifest).

Wer in diesem Diskurs der Redaktion mitstreiten will, ist herzlich eingeladen.

# Jahresinhaltsverzeichnis Widersprüche, 40. Jahrgang 2020

## 155: Dialogisches Handeln und Forschen. Mit Freire die neoliberalen Verwüstungen überwinden



### Rezensionen



### Kritische Soziale Arbeit: Eingriffe und Positionen

## 156: Zur alltäglichen Arbeit an den Grenzen von Zugehörigkeit. Praxen der Migration zwischen Partizipation und sozialer Ausschließung



### Rezensionen



### Kritische Soziale Arbeit: Eingriffe und Positionen



## 157: Gesellschaftliche Institution(en) – Kritik und Perspektive der Institutionalisierung von Bildung und Sozialem

## Rezensionen



## Kritische Soziale Arbeit: Eingriffe und Positionen



## 158: Digital Society. Binäre Codierung von Arbeit und Alltag



## Rezensionen

## Kritische Soziale Arbeit: Eingriffe und Positionen



## Alphabetisches Verzeichnis der AutorInnen

## Alphabetisches Verzeichnis der Rezensionen



## Kritische Soziale Arbeit: Eingriffe und Positionen